ちくま学芸文庫

思考のための文章読本

花村太郎

目次

たった一つの言葉に、一冊の書物にも匹敵する思想が込められていることがある。単語は思考の出発する地点であるとともに、その到着点でもあるのだ。

言葉の由来を考えることは、創造的な解釈作業である。その限界を心得れば、根源的な思考とこじつけに陥らない柔軟な知恵の両方を手に入れることができる。

森に迷い込んだときには、どこまでもまっすぐに進むべきだとデカルトは言った。不確かな時代のなかで思考する勇気を、彼は与えてくれる。

普遍的な理論を否定するには、たった一つの例外を見つけるだけでいい。「全てか無か」の単純思考を脱して、全体と部分の微妙な関係に注意深くなろう。

問いを明確にすることは、考える力を身につける第一歩だ。だが、答えを出すことがすべてではない。解決されえない問いこそ、新たな思考を促すのだ。

考えが行き詰まったときは、思い切って順序をひっくり返してみよう。先入観に囚われがちなぼくらの思考に思いがけない視界がひらけるかもしれない。

第7章 人間拡張の思考——メディアと技術の見方 152
人間拡張と人間自然相互拡張／拡張と疎外／拡張と比喩
槍は人間の手の延長であり、衣服は皮膚の拡張である。古来からあるこうした素朴な思考を検討し、現代の技術文明を考えるのに有効な概念に変えてみよう。

第8章 擬人法の思考——どこまでがヒトか 170
擬人主義の思考／進化論と擬人法／ボーダーレス時代の擬人法
人間以外のものを人間であるかのように見なす思考には警戒が必要だ。だが、人間の境界が曖昧化している先端領域で擬人法の思考は活性化している。

第9章 特異点の思考——誇張法の系統樹 184
背理の思考／背理と命令／カタストロフ（特異点）の思考／古典的用法／思考実験／現代的用法
ある仮説を極限まで押し進めたとき、いったい何が起こるのか。常識に安住する思考に揺さぶりをかける、最も強靭で破壊力のある思考がここにある。

思考のための文章読本

序——思考の形態学

この本には実用的な課題がある。読み、書き、考えるための話題（なにを）や手法（いかに）を提供すること、できれば、それをツール（道具）として使えるような文章読本をつくりたいという課題だ。例文を読みながら、眼からうろこが落ちるような箇所にであい、発想が変わる。見方・考え方がかわる。

そして同時に、思考や文章について、考えを深めることにもなりうるような、そうした、実用と探求との二段がまえのアンソロジーのような文章読本を構想した。

文章を通して思考をきたえるような試みをしてみたい、とは以前からの願いだった。というのも、学校で言語表現・文章表現を教えていていつも感じるもどかしさがあったからだ。文章にとどまっていて、決してその向こう側には出て行こうとしないような、世界に対する関心があふれでてこないような、文章内で自己完結する読み書きのレッスンに疑問があった。

考えることは危険なスリルにみちた行為でもあるのだから、安全処理のされた文章を読んでも思考のレッスンにはならない。ここに選んだテクストはどれも、明確な狙いをもち、論敵や読者を想定して、世界に挑もうとした文章だ。また、読み、書き、考えるためのものである以上、テクストの採用範囲は、戦後日本の「言葉の宇宙」のなかだけに限るわけにもいかない。

ところで、ぼくらが文章を読んでいるときには、それが言葉で書かれていることなど意識しないで読んでいる。そのとき言葉は空気のように透明な存在である。ところが、文章を言葉や文字の行列として意識したとたんに、読みは中断され、言葉がぼくらの目の前に不透明な壁としてあらわれる。これは当たり前のようでいて、やはり不思議な現象だ。

思考しているときには言葉はかき消え、言葉に注目すると思考がすり抜けてしまう。読書のなかでは、思考と言葉は同時にとらえることのできない、なにやら不確定の関係にある二つの事柄のようだ。

『思考のための文章読本』では、例文を目の前にして、思考と言葉の世界で生じるこうした不思議な現象のなかに身をおいて、考えてみたいと思った。

思考の次元、文章の次元

そこで、はじめに、この例文で切りとろうとしたものがどんな次元に属し、どんな意味をもつのか、簡単に考えておきたい。

ここで扱おうとする「文章」は、言語と文体との中間領域に属するものだといってよい。また、「思考」とは、論理と思想とのあいだにひろがる広大な領域をさすものとして想定されている。

文章は、言語学や文法学の対象として読むことができるし、そこに使われた語り口・言い回しの数々を調べあげることもできるし、さらにまた、書簡の文章に典型的なように、その文章に筆者の人柄を味わうこともできる。

実際に例文を引いて検討してみてもよい。

福沢全集の緒言に、彼の自作の率直な解説を読む者は、西洋文物の一般的解説が、いかに個人的な実際経験に触発されて書かれたかを見て驚くであろう。彼の文は、到るところで、現わすまいとした自己を現わしている。「福翁自伝」が、日本人が書いた自伝中の傑作であるのは、強い己れを持ちながら、己れを現わさんとする虚栄が、まるでないところから来ていると思う。世人は、福沢の俗文に、福沢の魅力ある己れを嗅いでいた。嗅ぐという経験は確実だったが、嗅ぐという言葉は曖昧だった。それは今日とても変りはあるまい。だが、曖昧な言葉しかなければ、その経験自体まで曖昧なものと見なしたがる、そういう病気は、今日の知識人の方が重くなったであろう。

（小林秀雄「福沢諭吉」）

宣長は、漢意《からごころ》によって、国文を読んではならぬ、と教えた。そんな事なら、宣長の本文を読まぬ人でも知っているが、本文には、本文の文脈の動きがある。漢意を通して国文を見るな、と繰返し、くどくどと、彼が語るのを聞いていると、いくら繰返し言っても足りはしない、聞き手のもう解ったという言葉など信用出来はしない、そういう彼の心持ちが納得出来てくる。此のくどさこそ、この学者の良心に、確信に、要するに、この人の人格に繋がるものだという事が見えて来る。徂徠も、今言を以って、古言を視るなとくどく教えたが、これも、説いて説き尽せぬ教えであった事に変りはあるまい。その自覚の深さが、彼の豪《えら》さに繋がる。

（同「徂徠」）

論じている対象は違うけれども、ぼくらは、このふたつの文章に共通する思考のスタイルとでもいうべきものを抽出することができる。それは、書かれたもの（言葉）には書いた人（作者）の個性（人格・思想）があらわれている、読むとは言葉を通して作者の人格（内面）にふれることだ、とする思想、さらに言えば、経験は確実だが言葉は曖昧で信用できぬ、という思考である。言葉は、だから、それを通じて経験を知るための媒体にすぎぬ、したがって、作品の言葉は作家の人格に触れるための媒体、それもきわめて曖昧で不完全な媒体、ということになる。それならその不完全な言葉以外にたよるものをもたない読者・批評家は、どうやって作家に到りつくのか。——直感だ、言葉の不完全なぶんを直感が補わねばならない、私たちが一番鍛えねばならない思考とは、この直感の力だ、という小林秀雄の批評の方法の大枠を、ぼくらは、ここにあげたわずかな文章断片から看取することができる（小林秀雄の思想をこのように読みとることについては異論が予想されるけれど、少なくともここでは、ありうる読みのひとつとして了解してほしい）。

つまり、どの文章にも働いている筆者の独自な思考、といえばこれは「思想」と呼びうるものだが、——その独自な思考をあらわす独特の言い回し、すなわち「文体」、とまあ、このようにある文章を問題にすることは、今まで、思想史や文学研究の分野で行われてきた。

ところが、この本で問題にしようとする文章は、これとはややレベルが異なる。「思想」はそれを考えだした人間とともにほろぶものだ、思想はしょせん「文体」の問題にすぎない、と小林秀雄はいうのだけれど、ここではちょうどその対極に立って、思想や文体は流行によって滅びることがあっても、「思考」と文章は滅びることがない、というのが本書の眼目である。

というのも、たしかにこの小林秀雄の書いたものは、小林秀雄という希有の思考の持ち主の書いた独特の文章、つまり個性ある文体には違いない。しかし、それが日本語で書かれているという一般的な事実（つまり言語学でいうラングのレベル）にまでは引きもどさないにしても、小林の思想を、「言葉は実際でないのに、言葉を実際だと錯覚してすませる風潮がつよい、言葉と実体とを区別して考えよ」、という主張にまで抽象ないし還元してみれば、これはもはや、個性的な思想でも文体でもない。

さらにこれをもっと一般化して定式化すれば、「AをBと混同するな・区別せよ」、または、「AとBとは違うものなのにAをあたかもBであるかのように思い込む「迷妄」が生じている、この度しがたい迷妄・転倒を排さなくてはならない」、というパターンになりそうな、この種の思考法なら、ぐっと身近になり普段ぼくらも使っているかも知れない。「AをBと混同するな・区別せよ」、という言い回しは論理ともとれないことはないけれども、論理学で扱うどの命題にもはいっていない。「AはAである」という同一律や「Aは非Aではない」という排中律をくみあわせて使っているとはいえるかもしれないが、しかし論理学でいう推論ないし判断をはるかに超えたところでこの命令文の思考は成立している。だいいちここでは命令と主張がひとつの価値判断として提出されている。論理学の命題は、判断の主体には無関心なのであるから、主観的な価値判断は避けねばならない。もっとはっきりいえば、真偽の論理計算の思考には、命令だの判断の強調だのは手に負えないのだ。

このように、「論理」とくらべると、この「思考」は主体をもち、価値判断がでてきて、より具体的な思考レベルに近づいているのだが、「思想」と比べるとずっと抽象的である。というのも、思想とは、小林も言うように、ある主体の、ある時におこなう一回かぎりの思考の遂行でなければならないからだ。同じことをくりかえす場合は、もはや計算であって思想ではない。小林秀雄は「思想」の作者だが、それをくりかえすだけのものは亜流といわれる。思想のこの一回性・一個性にたいして、本書が扱う思考法は反復可能なエレメントであり、それらを用いて読者自身が、一回的な思考、すなわちまた別の、新しい、思想という出来事を遂行するという関係にたつ。

この種の語り口・言い回しのパターンを扱う学は、広い意味では従来のレトリックと呼んでいいだろう。この種のレトリックのなかで、ある時代やある集団に共通して使われるパターンは、思考の考古学の素材になるし、思考の戦略を知るための徴標の役目を果たすこともできる。つまりこれはやや特殊な共有財なのであって、これの利用はその人の所属する時代や集団を微妙にあるいは露骨に表示することにもなる。多かれ少なかれぼくらは時代や集団の影響をこうむりつつ考えているわけなのだから、思考というときにはこのレベルがいちばんヴィヴィッドで面白いのだ。

フランスの批評家ロラン・バルトはこれを「エクリチュール」と呼んで、言葉のなかに隠されている神話やイデオロギーを暴くときの手がかりとした(『零度のエクリチュール』)。また、美術で言うモチーフとか、ローベルト・クルツィウスがあつめ系譜づけようとした「トポス」や折口信夫が「譚」(「貴種流離譚」等)と名づけて束ねる物語のパターンや、G・レイコフとM・ジョンソンとが集めて解読しようとした「ルート・メタファー」なども、抽象化の度合い、扱うスケールは様々ではあるけれども、ラングとスタイルとの中間にあり、ここでいうエクリチュールと接している。いずれも、ラングとスタイルとのあいだにある広大なディスクールの領野で、ある形態的な手がかりをさがして、神話的思考、イデオロギーを解読しようとした先人達である。ぼくの場合には、概念的な思考を影で支えている形象的な思考(イメージの思考)を、パターンとしてとり出したいというところに最も関心がある。

文体は作家の身体性に近い私有財だからその借用は剽窃か模倣といって非難されるが、日本語（ラング）という共有財の使用それ自体には縄張り問題は生じない。レトリックの使用は先ほど述べたような、私有と共有との中間的な性格——「党派性」とバルトはいうのだが——を帯びるわけだ。

要するに本書は、文章のかたちで思考をとりだそうとするわけだけれども、その切り口は、ラング（言語）—エクリチュール—スタイル（文体）、論理—思考—思想、のうちのそれぞれまんなかのレベルに主に狙いを定めている。図式的にいえば、これは結果的にそのような整理になったにすぎないのだが、この三項図式に、一般—特殊—個別、の三概念を対応させてみると、本書の方法及び対象がわかりやすいかも知れない。

そんなわけで、例文の解説は、レトリックの解説と似ている面もある。しかし、思い違いをしてはいけないのだが、レトリックは複合的な現象なのである。だから、例文をとりだして、これは何の技法、などというように、一義的に分類・レッテル貼りするのは無理・無謀というものだ。例文について、そこにいくつもの思想的なテーマや表現技法上の諸問題が隠され含まれていることを発掘・指摘・吟味するほうがよい。

しかも、まだ名づけられていない方法を、あるいは、送り手の思考の戦略を発見することのほうがはるかにやりがいのある仕事だろう。

それなら、その例文はどんな基準で選ぶのか。ここでは、複数の人間があつまって教科書をつくるような方法をとらず、まったく個人的な選択の方法をとった。読書の楽しみというものは徹頭徹尾個人的なものと信ずるからだ。この「私」が読んで、眼からうろこのおちるような経験をしたものでなければひとにはすすめられない。

そうした個人的な、記憶のストックのなかから、方法的にヒントになりそうなものを例文として切り取ってまとめたものが本書である。もちろん、切り取りによって失われる文脈、切り取りや要約を拒むような思考や文章もあって、それじたい興味深い問題だが、それらは、ここでは地の文でおぎなうよう努めたつもりだ。

章立てはいかにしたか。これも単純である。この思考や言いまわしには、以前、別の分野で出会ったことがあって気にかかっていた、これと似たことを考えたことがある、という、いわば思考のデジャ・ヴュ（既視感）の経験を、たぐりよせて項目にした。過去の読みを想起し、再読し、意味づけなおす、という作業が、例文の切り取りの前におこなわれている。したがって、章だては分類といえるようなものでなく、ルースにからみあうものを束ねてかりに名を与えたという程度の、便宜的なものにすぎない。

1、2章で、思考の出発点にくる言葉と概念の問題を、論理学との境界問題も含めてとりあげた。いわば「思考の単語」編である。3、4章では、日常言語での思考の確実さということについて、やはり論理学の推論との境界問題をふくめてとりあげた。いわば「文」という言語行為・思考行為をあつかったものである。ここまでは予備的な考察も多いのであとから読まれてもよいかもしれない。5章以降は、具体的な思考、「文章のレベルでの思考パターン」の抽出である。強いて言えば、5、6章は、視点操作にかかわる思考、7、8章は、人間というモノサシをつかう思考、9、10章は、形態学・宇宙像にかかわる思考の展開・構成問題、というように、二進法的にまとめてみた。とはいえ、これは書いてしまったあとからの意味づけだから、読者はどこから読まれてもさしつかえない。

文章読本の時代——文章史の問題

最後に、「文章読本」というタイトルについておことわりしておく。

本書は「文章読本」というタイトルをつけているものの、創作的な文章をほとんど扱っていない。「思考のための」としたゆえんで、意図的にそうしたのだけれど、それにしても、文章の宇宙の半分を無視するようで心苦しい。だいいち日本の近代散文をつくりあげた最大の功労者はなんといっても小説作家たちだろう。そこで、この片寄りを補完する意味で、簡単に文章読本と文章史の問題にふれておきたい。

文章読本は昭和時代の産物である。明治時代には修辞学（レトリック）が輸入されて、文章や演説に応用され、これが大正時代に一応の完成をみる言文一致に流れ込んでいる。大正時代、より細かく言えば、日露戦争後の文章の特徴は、修辞学に替わって、文体（スタイル）とその背後にある作家の個性が問題になる時期だった。ここでは文章の問題は「個人主義」の思想と切り離せない関係にあった。しかし、これは、もっとひろく言えば、言語問題が人間問題にもなる、二十世紀の言語・言語学への人類学的関心と軌を一にする現象でもあった。

ところが、文章史と社会史とをパラレルに見て、言文一致の完成に近代化をみる見方にたつと、言文一致の確立をもって文章史は終わってしまうので、それ以降の昭和にはいると文章史が記述できなくなってしまう。「混乱期」とか「多様化」と呼んでも説明したことにはならない。

しかし、文章史は、「言文一致」を一応完成させたところで終わるわけにはいかなかった。言文一致文体には技術的にも思想的にも、いろいろな欠陥がある。その欠陥を反省・克服しようとする過程で文章読本があらわれた。その最初にあたる谷崎潤一郎の『文章読本』（一九三四年）が、現代口語文の欠陥を指摘しているのもそのためだ。しかも文章の欠陥の指摘は現代文明の欠陥の指摘でもあって、『文章読本』における文章論・文体論は、表現主体の危機意識をともなう文明論にもなっていた。その意味で、谷崎の『文章読本』は『陰翳礼讃』（一九三三―三四年）とペアで読まれる必要があるのである。

文章史はいまだ途上にあるといってよい。とりあげる例文の領域が非文学化し雑多な領域に拡大している点は、昭和時代を通じての文章読本の傾向であって、本書もその延長の極端な例になる。また、「名文」という価値基準をはじめから問題にしないで思考や発想をあつかうこのような文章読本が登場する意味も、過去の文章読本の文章意識の変遷をみることで、ある程度納得してもらえるかも知れない。つまり、文体が作家の個性の分泌と考えられていた時代とは異なり、この「私」という主体じたいを自明のものとしてとらえられなくなった時代には、作家が必ずしも文章史の主役ではなくなり、文章に要請されるものも変わってきたということだ。本書がラングとスタイルとの中間で文章を問題にしようとするのも、こうした問題背景からのことである〔以上の記述は、作家による文章読本を比較して論じた次のエッセイをふまえたものである。長沼行太郎「文章読本の時代」、『新日本文学』一九七九年十一月号〕。

現在の文章状況を文章史的にどう見るのかも、以上のことからいえば切実な問題である。

いまだ途上にある日本語の文章はどこへ行くのかは、文章を載せるメディアである書物とそれと密接にかかわるぼくらの読書習慣がどこへ行くのか、という課題とかかわりながら、あらたな局面を迎えているように思える。

たとえば、パソコンやインターネットの世界で新しい文章様態が生まれつつある。まず、キーボードとかな漢字変換によって、書くことじたいのハードルが下がった。また、紙の制約がなくなって改行・行あけを多用する段落表示、インデントやアウトラインモードによる文章の階層表示、変形自在のテクスト景観、気軽に書き直せる（打ち直せる）ところからくる冗長度の格段の増加（ノイズを入れられる）、画像や音声データの貼付によるマルチ化、インターネットのなかにおかれたテクストの時間的・空間的境界の喪失ないし曖昧化、といった事態がみられ、これらが文章の様態を変えつつある。従来の「書物的な文章」のルールをはみだしそうな気配があって、逆にこれは思考の様態にもはねかえってきそうだ。

この本では文章のこうした新しい変容を正面から扱ったわけではないけれども、文章を思考パターンとして抽出しようと試みたのは、そうした事態を触知するための用意も兼ねたかったからだ。従来の書物的な文章を見る場合も、文章と思考とを分かちがたいものとしてみる立場をあらかじめ採用したわけである。

第１章

単語の思考──単語は巨大な思考単位である

たった一つの言葉に、一冊の書物にも匹敵する思想が込められていることがある。単語は思考の出発する地点であるとともに、その到着点でもあるのだ。

単語で思考する。あるいは微妙な言い換えだが、単語が思考する。

単語とはいっても、文法的な性質を問題にしているわけではないから、語彙といったほうがよいかもしれない。ただ、文章や文よりも小さなサイズの単語が、ぼくらの思考空間の中でどんな変幻自在のふるまいをするかをここでは問題にしているので、「単語」ということばもその小ささを表すために用いることにする。実際、言葉の最小構成単位であるはずの単語が、一冊の書物の思想に匹敵することがいくらでもあるのだから、単語の小ささとその巨大な思考エネルギーとの対比は驚異的なことというべきだろう。

ぼくらはよく、単語を前にして、あるいは単語をめぐりながら、考えている。「蝸牛考」「記憶について」「無常ということ」、というように。単語は思考の出発する点であり、思考の手がかり、素材であるとともに、思考の面的、立体的広がりを要約したり象徴したりするタイトルやキーワードというありかたにおいては、思考の終点でもある。天皇の「戦争責任」について、汚職議員の「けじめ」について、ぼくらの思考も議論も、単語に発して単語に終わっている。この場合、単語は文よりも小さな言語単位でありながら、文や文章をはるかに超えでた、無限に多くの文も文章も呑みこみうる、巨大な思考単位に変貌している。

語義縮小の思考

単語の思考は、語義を縮小する方向と拡大する方向との二つのタイプをもつ。
語義縮小の思考は、厳密な定義（狭義）、明確な対象設定、をする場合に多く使われる。

大衆と対比さるべき人間類型は知識人である。しかし、ここで知識人というのは、知識をたくさん保有するひとという意味ではない。ソクラテス以来の哲学あるいは愛知の伝統に従って、「無知の知」、つまり己れの知っていることがいかに少ないかを知ること、それこそが知識人であることの基本条件なのである。知識にたいする懐疑をもたないのは専門人であって知識人ではない。高度大衆社会にあっては、大衆は多かれ少なかれ専門人になっている。それゆえ、大衆批判の中心には専門人批判がなければならない。そしてそのためには、専門主義的に細分化した近代科学への批判がなければならない。こうした知識論を含むのでなければ、大衆論は単なる人間蔑視になってしまいかねないのである。

（西部邁『大衆社会のゆくえ』）

この例では、論議の対象となる「知識人」の定義から始めているのだが、「知識をたくさん保有するひと」という膨脹した慣用的語義を、ソクラテス的な本義へとたち返らせること、要するに、広義から狭義へという、語義縮小の思考パターンがとられている。次の例でも、「論じること」「読むこと」についての筆者なりの定義（用法）を提示するところから思考を始めている。

ひとりの思想家について論じるということは、その作品について論じることである。これは自明の事柄のようにみえるが、必ずしもそうではない。たとえばマルクスを知るには『資本論』を熟読すればよい。しかし、ひとは、史的唯物論とか弁証法的唯物論といった外在的なイデオロギーを通して、ただそれを確認するために『資本論』を読む。

それでは読んだことにはならない。〝作品〟の外にどんな哲学も作者の意図も前提しないで読むこと、それが私が作品を読むということの意味である。『資本論――経済学批判』は、経済学史においてはすでに古典である。それは二つのことを意味する。一つは、この書物はそれが表示する世界や知識が古びたということに応じて古びているということであり、もう一つは、エピクロスやスピノザを読む場合と同じように、〝古典〟を読むということは、すでにそのような外形を無視して、その可能性の中心において読むほかないということである。

（柄谷行人『マルクスその可能性の中心』）

ここでは、「それでは読んだことにはならない」と、語義の誤用を正す（誤義→正義）かたちで、思考の方法＝立場の確定（限定）がなされるので、誤用的思考が断罪されることになりインパクトは強い。この強められた定義的思考――ということは誇張的な断定的表現と裏腹なのだが――は、小林秀雄やある時期の江藤淳、それから柄谷行人、といった評論家に共通する思考タイプと文章特徴を生みだしている。つまり、自分の定義を提示する前に、愚劣な敵の定義をもちだして、それをコテンパンにやっつけること。すなわち、Xの定義を提出したいときにはこうすればよい。「XをAだと考える輩がいるが、とんでもない迷妄・倒錯だ。AではなくてＢ本当はBなのだ」。

世間には、万物にはその理あって、風の音水のひびきに至るまで、ことごとく声あるものは歌である、というような、歌について深く考えた振りをした説をなすものがあるが、浅薄な妄説である。自然は文《あや》を求めはしない。言って文あるのが、思うところを、ととのえるのが歌だ。思うところをそのまま言うのは、歌ではない、ただの言葉だ。而も、そのただの言葉というものも、よく考えてみたまえ、人はただの言葉でも、決して思うところをそのまま言うものではない事に気が附くであろう。

（小林秀雄「言葉」）

これら、「not A, but B」の表現パターン、語義縮小の思考は、厳密でストイックな印象を与え、思考する本人の思考をも束縛する面をもつから、娯楽の思考にはむかない。しかしそれだから、タテマエとホンネとの乖離、看板と実体とのギャップ、虚偽、を暴露したり批判したりするシャープな思考にとっては、心強い武器となる。

次の例は、なにも共産党に限らず、二十世紀的現象の一つとしての社会主義、さらにもっと一般化して、現代の組織と民主主義の原理や様々なレベルでの意思決定のあり方を考えるうえにも役だつと思える思考例だ。つまり、「民主集中制」という単語の語義の解析を通して、この組織の実態・問題点をえぐり出していく好例と思われるものだ。

さて、共産党の組織が他の政治組織と区別される最も大きな特徴は、細胞（最近は支部というようになったが、これから歴史的叙述が多くなるので、このことばで統一しておく。支部と名称が変っても、その内容が変ったわけではない）という秘匿《ひとく》された基礎組織の上にきずかれた厳密なピラミッド状組織と、それを貫く民主主義的中央集権制（以下、民主集中制）という組織原則とにある。

民主主義的中央集権制は、あくまでも民主主義的な中央集権制なのであって、中央集権的な民主主義制というわけではない。*

* このへんをうまくすり替えているのが、共産党の「反論」にある次のようなくだりである。
「自民党員でも「自由主義諸国家の政党は、一般に中央集権主義的に組織されている」（自民党政務調査会・村川一郎『政党の研究――その理論と意味』）と書いているように、民主主義的中央集権制は近代的であろうと考える政党がいずれもめざすものであり、かならずしも共産党だけのものではありません」

中央集権主義的と中央集権制そのものとはまるっきりちがう。中央集権主義的というなら、あらゆる組織は中央集権主義的である。中央集権主義的でなければ、組織は組織としての体をなさないからである。

共産党の組織原則である民主集中制は、あらゆる組織の属性である中央集権的であることとは、まるで別物であることは、これから順を追って説明していく。ここではとりあえず、たった一つのことだけを想起していただけばよい。党大会の議事が、満場一致ですすめられていき、組織の全構成員がオウムのように同じ口調で同じことをしゃべり、時の指導部とその方針に対する反対が、組織内部からはまるで聞こえてこないというような組織は、「近代的であろうと考える政党」には、共産党をのぞくと、まるで類例がないということである。これに近いものを想起してみると、「近代的であろうと考え」たかどうかはともかく、全体主義の諸政党ぐらいしか頭に浮かんでこない。

民主集中制とは、民主主義と中央集権制という水と油の要素を後者の優位の上に組立てたものである。

（立花隆『日本共産党の研究』）

ここでも、対象Xがあたかも Aであるかのように誤解され、幻想されていることに対する否定・批判を通して、Xの実態（B）への認識に至る、という思考経路がふまれていることに注目しておきたい。わかりやすく要約すれば、「民主主義的中央集権制（X）は民主主義制（A）ではなく、中央集権制（B）なのだ」ということになる。しかも、共産党の反論に対して、「中央集権主義的」と「中央集権制」という二つの単語を峻別して再反論するところは、鋭利な刃物を思わせる。

「父が父でなくなっている。父が父の役割を果たしていない」、その結果、家族がバラバラになり、善悪の感覚のない人間が成長し、利己的な人間や無気力な人間が増えている、という林道義さんの『父性の復権』もそのような本義にたちかえる思考だ。

「友だちのような父親」はじつは父ではない。父とは子どもに文化を伝える者である。伝えるとはある意味では価値観を押しつけることである。自分が真に価値あると思った文化を教え込むのが父の最も大切な役割である。上下の関係があり、権威を持っていて初めてそれができる。しかし対等の関係では、文化を伝えることも、生活規則、社会規範を教えることもできない。「もの分かりのいい父親」は父の役割を果たすことのできなくなった父と言うべきである。

（林道義『父性の復権』）

これを読んで、「父親」ってこんなに立派な存在であったのかと、いやもっと正確に言うと、立派な存在であらねばならぬのかと虚をつかれた。そして、このような規範的思考が、「父とは…」「伝えるとは…」というような定義的な言い回しと密接に関連することに気づくことができる。戦後世代のぼくは、「親子とは…」「家庭教育とは…」「人命とは…」「財産とは…」など、身の回りの事柄の本義を述べる表現を避けてきたことにも思い至らざるを得ない。こういう言い回しを避けてきたことは、本義を画定しようとする規範的な思考を敬遠してきたことと裏腹の関係にある。

もちろん、父がかつても今もそのような存在であった、ある、と林さんは言っているのではなく、むしろ、その逆のあり方をしていたのが事実だったというのであって、だからこそ、ここにあえて、「ねばならぬ」という規範的な思考を持ち込んだわけだ。幕末の動乱期の父も、その子の世代である漱石の世代も、またその次のファシズム世代も、そして第二次国際戦争の世代が大量に排出したベビーブーム世代も、またその次の第二次ベビーブーム世代も、「父」の本義からはずれることで「文化」の健全を失い、危険な兆候を呈していた、いる、と林さんは警告を発しているわけである。

母性原理に浸潤されて日本の文章は男性性を失っている、という問題意識を背景にもつ三島由紀夫の『文章読本』を思い出した。文章論が文明論にもなりうる理由は、このような規範的な思考、本義を画定していこうとする表現とつなげて考えると納得できる。これと対極にあって、谷崎潤一郎の『文章読本』が、源氏物語の文章の、だらだら続くあいまいさ、すなわち「含蓄」ということに、——ということは母性原理に文章のモデルを見いだし、それが、『陰翳礼讃』という、東洋文明の再発見という文明論的テーマとペアで提出されていたこととも、これはからむ、大きな問題である。そうすると、「敗戦亡国」という未曾有の事件をあいだにはさんだ昭和という時代に『文章読本』という題の本が多数書かれた理由がわかってくる。『文章読本』は、文明の危機、思考の危機に直面したときの、表現主体の再構築のモチーフに由来しているのである。

語義拡大の思考

単語の思考は、語義を拡大する方向をとることもできる。この種の思考は、論理学でいう外延の拡大を伴うので、陽性の思考、ドン・キホーテ型、大風呂敷型という面をもつ。次の例では、単語は言語現象の範囲をはるかに超え出て、文化現象を解き明かすための記号証拠として、かつまた解読格子として、用いられている。「うち」「そと」なる単語は、日本の、個人―家―国家、のどのレベルにも登場し、その文化としての特殊性を思考させるのだ。

◇◇◇◇◇◇◇◇◇◇◇◇◇◇◇

家族制度が現代において徳川時代のごとく顕著に存せざることは何人も承認するところであろう。しかし現代の日本の人間の存在の仕方は、「家」を離れているであろうか。ヨーロッパの近代資本主義は人間を個人として見ようとする。家族もまた経済的利害による個人の結合として理解せられる。しかし資本主義を取り入れた日本人は「家」において個人を見ず、個人の集合において家を見るようになったであろうか。我々はしかりとは答えることができぬ。

最も日常的な現象として、日本人は「家」を「うち」として把捉している。家の外の世間が「そと」である。そうしてその「うち」においては個人の区別は消滅する。妻にとっては夫は「うち」「うちの人」「宅」であり、夫にとって妻は「家内」である。家族もまた「うちの者」であって、外の者との区別は顕著であるが内部の区別は無視せられる。すなわち「うち」としてはまさに「距てなき間柄」としての家族の全体性が把捉せられ、それが「そと」なる世間と距てられるのである。このような「うち」と「そと」の区別は、ヨーロッパの言語には見いだすことができない。室の内外、家の内外を言うことはあっても、家族の間柄の内外を言うことはない。日本語のうち・そとに対応するほど重大な意味を持つのは、第一に個人の心の内と外であり、第二に家屋の内外であり、第三に国あるいは町の内外である。すなわち精神と肉体、人生と自然、及び大きい人間の共同態の対立が主として注意せられるのであって、家族の間柄を標準とする見方はそこには存せぬ。かくてうち・そとの用法は日本の人間の存在の仕方の直接の理解を表現しているといってよい。

（和辻哲郎『風土』）

日本語に特徴的な単語（語彙）の語義・用例の分析を通して日本文化を解き明かす、というやり方は、哲学方面でも（「いき」）、心理学・精神分析方面でも（「甘え」「阿闍世コンプレックス」）、文化人類学方面でも（「恥」「ガンバル」）、記号論的方面でも（「縮み」志向）おこなわれる方法だ。これらの単語は、いわば日本文化のキーワードなのだ。

次の例は、最近のちょっとした言い回しの普及に着目して、集団の心性を読もうとした思考例として、感心するものだ。

先日ある新婚の女性と話していたら、「いま、オヨメサンしてるんです」という。いつもは夫婦二人きりでのびのび甘えて暮らしているのだけれど、夫の母が泊まっている間だけ昔風の嫁らしくしているという意味だった。

ヤングの流行語で〝お嬢してる〟というと〝お嬢様〟の着るような高価で上品なファッションにきめることらしい。

どちらも本来の自分は嫁でもお嬢様でもなくて、そういうふりをしているのである。

ところが、このごろこういう言い方を自己紹介のスピーチでも時折聞く。

「主婦してます」

「二歳と三歳の子のママしてます」

〝主婦です〟〝二歳と三歳の子のママです〟と言わないのは、主婦や母親が立場であるより仕事であるという印象が強くなったことにも関係があるかもしれない。〝親業〟という言葉まで一般化しているのだから。

でも、若い男性も最近次のように言う。

「教師してます」「サラリーマンしてます」

これも〝教師です〟〝サラリーマンです〟とは微妙に違っている。上に「一応」とでもつけたすと意味がはっきりする感じである。一種の謙譲のニュアンスもないことはないが、発言者が教師やサラリーマンをわが一生の仕事と思ってないことは確かに見える。〝してる〟が一番似合うのは「パートしてる」である。「正社員してる」は変なのだ。してみると〝主婦してる〟人も〝ママしてる〟人も、どうやら一応今、そうしていると言えそうだ。できればいつかそこから出ていきたいという願望さえかすかに読める。あるいは、〝私自身〟を主婦やママとイコールにしたくない気持ちと言ってもいい。教師やサラリーマンの場合も、社会的な身分だけで自分を表現したくない気持ちがある。

〝本当の私は別にいる〟のである。

社会機構に規定されたくない現代人の、ささやかな個の表現をここに見るのは、考えすぎだろうか。

（矢崎藍「主婦してる　ママしてる」）

概念語としてなら、小此木啓吾さんの「モラトリアム人間」ということ、もっとさかのぼれば二十世紀初頭に、ジュール・ド・ゴーチエの指摘した「ボヴァリスム」という近代人の病態とこれは同じなのだが、いわゆる概念語でなく「××してる」という函数語を抽出した点でも興味深い。単語のうちでは函数語の方が話者の心理を直截に表現することがあるからだ。

文化を知るキーワード

このような語彙の扱い方は、意味論（セマンティクス）というより、語用論（プラグマティクス）の延長上にあるものだといえよう。ぼくらの思考が言語から限定をうけながらも、言語外の事象の世界へと出ていけるのは、この語用論的な距離とルートとを、ぼくらが言語との間に持っているからに他ならない。

そしてさらに、この、語彙を通して文化を知るという思考法は、異文化間の語彙比較という、比較文化論にも使われる。和辻の前出文章例でも既にそれは行われていたが、ここでは、身近で且つ明瞭な例をもう一つあげてみよう。

茶の湯と並んで、生け花は、日本の伝統生活芸術のひとつとして、今も世界でよく知られている。

西欧でも、食卓や棚などに花を飾る。時には花束にしたり、ドライフラワーであったりする。

さらに、彫刻の花、描かれた花、やはり、花を飾り装飾の要素としてとりあげることは少なくない。

それなのに、なぜ日本の花を活《い》けることが、それほど特別に外国の人々の目にうつるのだろうか。

その謎をとく、ひとつの鍵は、〈花を飾る〉と私たちは言わない点にかくされている。

私たちは〈花を生ける〉また〈花を活ける〉〈花を挿す〉などとは言うが、なんとなく花を飾るという言葉を避けている。

たとえば生け花の、どのような解説書でも、まず、「生け花」は花を生かすことだと説いている。

それなら、花を、そのまま山野に置いておくのが最善だが、人は欲ばりで、花を切って、わが空間に置き、しかも、生かしておこうという、矛盾にあえて挑戦している。この無謀ともいえる矛盾への賭《か》けが、花を生ける情熱の源であろう。

この花にかける情熱が、日本人に特別のものではないだろうか。（中略）

では西欧の花を飾るのとどこが違うのか。

そこに露《あらわ》になってくるのは、日本人の自然観である。私たちは、花を自然という物質の切れはしやひとつの部分と見ない。

花のうちに、全自然があると見る。花は私たちをも含んだ自然の象徴なのである。

だから、花を人間化するということは、逆にいえば、花のなかで、私たちが自然と合体する、自然に還《かえ》ることを意味している。　（栗田勇「而今の花」）

「花を生ける」という日本語の語彙は、「花を飾る」という異文化の言い回しと比較対照することによって、その意味の輪郭を明瞭にしてくる。そして、単語の比較などという小さなものの比較が、文化というつかみどころのない、途方もなく大きなものの比較を可能にしてくれるということ、——単語がぼくらの思考において果たしている役割は、言語学上の「単語」の位置と機能をはるかに上まわるものだ。文であろうが文章であろうが、その全体を一単語で指示することもできるし、一単語に要約することもできる。そのとき単語は、文よりも文章よりも大きな思考単位となっている。

第2章 語源の思考——原初の宇宙観に立ち会う

言葉の由来を考えることは、創造的な解釈作業である。その限界を心得れば、根源的な思考とこじつけに陥らない柔軟な知恵の両方を手に入れることができる。

単語がぼくらの思考をかきたてる。単語を言語単位としてでなく思考単位として扱ったらどうなるか。それを前章では語義の縮小・拡大という意味空間の次元で扱ったのだが、今度は時間の次元で扱ってみよう。これはふつう語源と呼ばれる。

たとえば、「星《ほし》」を「火白《ほしろ》」、「瞼《まぶた》」を「目蓋《まふた》」、「都《みやこ》」を「宮処《みやこ》」さらに「御屋処《みやこ》」、「猫《ねこ》」を「寝子《ねこ》」、というぐあいに、語史的に遡る思考。

「インフルエンザ」influenza はもとイタリア語で英語の influence（影響）と同じ、流行病を星の影響と考える民間信仰が背景にある。旅行の travel のもとの意味は「苦痛」（陣痛とか苦役）、だから昔の旅は苦労の多いものだった、今の観光旅行《ツーリズム》は安楽になった、などと言われる。トラベルの語源には三角形の責め具が（J・デュマズディエ）、ツールの語源には円を描く道具（D・J・ブーアスティン）がくる。

何気なく使っていた単語が、別の見え方をしてくるから不思議だ。

語源の思考には、ぼくらは初め、語学の学習のなかで出会ったかも知れない。記憶術のひとつとしてだ。語源を知れば、初めて接した単語も理解しやすくなるし、記憶にも便利だ。単語が一種の物語性を帯びてくるからだ。その場合にも、語根だとか派生語だとかいって、やはり、単語を分解して観察するくせがついたはずだ。そして、語根を介して（語源にさかのぼって）初見の単語の意味に見当をつけたりしている。

しかしまた、語源の詮索は、深入りしやすい。語学の習得などそっちのけで、あらゆる単語の語源が気になりはじめる。だから、語源は学者の人生を誤らせる落とし穴として古来警戒されてもきたのだ。

解釈のレッスン

語源は一種の解釈学だ。ひとつの単語の語源をめぐって様々な解釈がうまれる。だから、語源のディスクールは、断定を避け、文末を「か」や「とも」で結ぶためらいの文体になる。星の「ホ」が日か火なのは良いとして、「シ」は、助詞だ、いや「石」だ、「気」だ、

「子」だ、と諸説あるし、猫には、「ねこまノ下略、寝高麗ノ義ナドニテ、韓国渡来ノモノカ」（言海）とか、「鳴き声に接尾語コを添えた語。またネは鼠の意とも」（広辞苑）、とか、「如虎《によこ》」という説もあるそうで、納得はしないけれど解釈の妙に感心する。

いよく見ると、ここにあげた例は、さかのぼることが、分解することにもなっている。いまのぼくらが一語として使っている単語が、実はもっと小さな単語からできていたと考えていくわけだ。しかも、分解の妥当性が、例えば、「まぶた」＝ま（目）＋フタ（蓋）、「かさぶた」＝かさ（デキモノ）＋ふた（蓋）、とか、「くだもの」＝く（木）＋だ（ノ）＋もの（物）、「けだもの」＝け（毛）＋だ（ノ）＋もの（物）、というように、他の例にあたって対応を見つけられれば、説得力がでてくる。

分解するとその単語の過去が姿をあらわすのだから、それだけでも語源は十分におもしろい。

分解をどこまでもすすめていくと、ついには、五十音になってしまう。それぞれの音に固有の意味があった、という江戸時代の音義派の思想だ。例えば、「星」は、「ほ」（ほのか・ほがらかの意）と「し」（締まる意）から小さな点のごときものを呼ぶとか、「雲」は「く」（分かれる意）と「も」（集まる意）で分かれたり集まったりするからと説明される（堀秀成『音義全書』上）。では同じ音の「蜘蛛」が問題になるが、それも巣を組むに巧みだからだ、とちょっと苦しい。五十音を、世界を構成する元素みたいな存在と考える言霊信仰がここにはよみがえっている。

単語が形（音）を変えたり意味を変えたりする過程をさかのぼる方法もある。たとえば、「時（トキ）」は時間の経過をはかった「月（ツキ）」からの転音（訛り）とか、「ビューロー bureau」という言葉は、毛織物から始まって、毛織物をかけた机に転じ、仕事机、事務室、役所の局、執行部、というように意味を変えてきている。

語源詮索のとめどなさは、世界大にまでひろがる。単語が文化境界をこえて流通するからだ。

ギリシャ語のpūrという火を現す語は、日本の火という語と関係があるか、ゲルマニア民族の英のファイア、独のフォイエルの音と非常によく似ている。その間にはるか極東と極西との言語の間に似寄りのあることは面白い現象である。単純な偶然であるか、根本的な一致ないし原始的な一致があるかということは、面白い問題であって、けだし一種の謎に終りはせぬかと思われる。（新村出「日と月」）

この種の〈謎〉に対しては、国際的な比較研究、用例の収集が必要だ。地理学者・鈴木秀夫さんは、「火」とか「歯」とか、基本的な単語の分布図を世界地図のうえにつくり、類似した単語群の範囲を線でくくる、ということをした。「火」の分布図もつくっている。話は五千年前の間氷期のピークが終わる時期の地球の気候の寒冷化にさかのぼる。

◇◇◇◇◇◇◇◇◇◇◇◇◇◇◇◇◇◇◇◇◇◇◇◇◇◇◇◇◇◇

ヨーロッパでは、五〇〇〇年前にはじまる寒冷化がインド・ヨーロッパ諸語を話す人々の南下をひきおこしたと考えたが、同じ寒冷化がユーラシア大陸の東部でも民族の南下をひきおこし、その南下の圧力がマライ・ポリネシア諸語を話す人々を海に追い出したと私は考える。三五〇〇年前は、その寒冷化が急速に進んだときであった。

（鈴木秀夫『気候の変化が言葉をかえた――言語年代学によるアプローチ』）

このとき、中国南部の山岳地方に住む個人があって、彼らは、「火」を pui と呼んでいた。鈴木さんは、「「火」の pui はフィリピンの apoy につながると思われる」として、彼らは、「南下の人口圧によってマライ・ポリネシア諸語を話す人々が海へ追い出されたとき、大陸部へ取り残された人々であると考える可能性がある」と言っている。そしてアイヌ語の ape とフィリピンの apoy との関連も示唆している。

「火」の分布図は、このユーラシア東部の北方民族の南下の説明でつかっているので、残念ながら、ヨーロッパ部分との関連にはふれていない。それでも、鈴木さんのつくった分布図を眺めていると、日本の火 hi, 中国の huo, は共通のグループにくくられているし、その中国語・日本語の huo, hi のグループとマライ・ポリネシア諸語の apoy, pui, ahi などのグループとの類似も想像したくなってしまう。鈴木さんの民族南下説からは外れるが、そうなると、先の新村出の「火」の音の類似の問題は、日本語とヨーロッパばかりか、東は南太平洋のイースター島から西はアフリカ東岸のマダガスカル島にまで、類似の範囲が分布していることになる。鈴木さんは日本語の「ミズ（水）」とハンガリー語の水 viz との類似については、「借用」関係から考察している。

当否はともかく、語源の問題は、語族内部にとどまらず、民族移動や民族接触の問題にまで広がっていくということなのだ。語源学はさらに、比較言語学やそれをもとにした比較神話学ともつながっていき、語と語の単純な比較・対応ではすまなくなる。

語源にアプローチするには、このように、分解や、転音・転義や、さらに異文化との接触（外来語）・民族移動（分布）を調べる方法などがあって、いろんな知識や知恵の動員を必要とする。語源は、小さな単語をめぐってではあるけれども、大きな文化を解釈するためのレッスンの場でもあるのだ。

再解釈から創造へ

語源詮索の思考は、ぼくらの思考とともに古い。神話や地名説話が、この種の語源詮索的な再解釈から少なからずつくりだされている。

たとえば古くて有名な例では、「富士山」は、かぐや姫が託した不死の薬を燃やした場所として「その山をばふじの山とは名づける」と説明される（『竹取物語』）。ギリシャ神話の女神の名「アフロディテ」も、語源未詳であるにもかかわらず、海の「泡（aphros）」と関連づけられて、あらたな物語がつけくわえられた。

吉田東伍『大日本地名辞書』で「武庫郡」というのを引いてみる。

神社考云、風土記「神功皇后伐三韓、帰到摂津国、海浜北岸、広田郷、今号広田明神是也、故号其海曰御前浜、又埋其兵器処曰武庫」と、此埋兵の説は元亨釈書にも見ゆ「埋如意珠、及金甲冑等、故亦曰武庫」と共に疑はし、按に武庫は仮字のみ記紀務古に作る、埋兵の故に新に命したるに非ず、後世に至り埋兵の遺説あるを以て更に兵庫の称起る歟、加茂真淵武庫は原名向《ムカフ》なりと曰ふ説に従ふへし、住吉大社解状には御子《ミコ》の訛と曰へり。

「武庫」は当て字なのに、この字から、神功皇后の三韓征伐の帰り、武器を埋めたからこの地名になったと物語が出来てくる（『風土記』）、そこから更に、「兵庫」という地名が派生したと、推理がくっついてくる。一つの場所に、虚構の物語が作り出され、それがさらに新たな地名を生み、ひとつの土地がことば（名と物語）に覆われていくさまが見てとれる（この武庫については、吉田自身は賀茂真淵の、武庫はもと「向」だ、との説を支持している）。

地名がかつての地理的・文化的な諸情報を保存していることから、ぼくらの思考は、地名からその土地のかつての風景を想像的に復元することをするのだが、そこで気をつけるべきいちばんの危険はこのことなのだ。すなわち、地名について知っておくべき鉄則は、吉田が繰り返し説くように、「字に就きて説をいふは俗の業なり」、つまり地名には当て字が多いから漢字表記を信用してはいけない、ということだろう。

しかし、解釈という行為があらたな物語、あらたな意味を創造してしまうという事実は、「民間語源」や「語源説話」と呼ばれるものを忌避するだけではすまされない、そもそも「起源」とはなんなのか、それは知りうるものかという根源的な課題をぼくらの思考に課していると考えなくてはならない。

「こけし」の語源は、「小芥子」（芥子坊子）、「おけし」（髪型）、「木削子」等諸説あるが、静岡県に伝わる手まり唄に関連させながら、槙佐知子さんは次のようなドラマチックな語源説を開陳された。

> 静岡県のように温暖な土地がらでも、生まれた子どもを間引いたのであろうか。東北地方の飢饉の場合は、察するに余りある。中国では昔、子どもを供養するために木片で親が粗末な像を刻んだという。東北地方に伝わる「こけし」は、その流れをくむものであろうか。こけしは「子消し」ではないだろうか。首をまわすときしむ音が、泣き声もたてられないほど衰弱した嬰児の、いまわのきわの悲鳴と親心の痛みを想わせる。
>
> （槙佐知子『日本昔話と古代医術』）

語源にも解釈者の視点が介入する。「踊り」をアメノウズメのダンスを引きながら「雄捕り」と解した女性史家・高群逸枝（『女性の歴史』）は、この単語に、元始女性が太陽であったときの残像を見ている。

また「厠（カワヤ）」を「川屋」として、日本人の南方起源の例証にする説、逆に、北方起源説でも語源は有力な手がかりになる。

ウヂは、氏族を表わす単語である。これは日本では、男系的父権的な氏族制度を表わすに用いられ、これまで「生み血」のつまった形であるとか、内《ウチ》の意であるとか解釈されてきたが、それらは誤りである。ウヂは古代にはudiと発音されたのであり、これは朝鮮語ウル（ɯl）《族》と対応する。朝鮮語のl《エル》の音は日本語のdの音に対応するのである（上表参照）。ところが蒙古語にウルク（uru-q）という形があり親戚の意を表わし、注意すべきことはこれが母方ではあまり用いない、つまり父系で用いるということである。トルコ語のキルギス方言ではウルー（urū）という形で、親戚を表わし、ツングース語ではウル（ur）という語根は息子を意味し、蒙古語の一つであるブリヤート語のウリ（uri）は子孫を意味する。つまり、日本語ウヂは、朝鮮語・ツングース語・蒙古語・トルコ語につらなる単語で、親戚とか息子とかを意味して、母系には用いない。ウヂは本来、単に血縁、氏族というだけをあらわす言葉ではなく、女系ならぬ男系の血縁をはっきりとあらわす単語であったのである。これも弥生式文化によって父権的な氏族制が日本にもち込まれたとき、伝えられたものであろう。

朝鮮語		日本語
ul	《族》	udi
p'ïl	《臂》	pidi
mïl	《水》	midu
nunmïl	《涙》	namida
korari	《鯨》	kudira

（大野晋『日本語の起源』）

これらの語例が、「騎馬民族社会に普遍的な父系出自集団」の存在を示唆するとして、江上波夫は、日本古代史の一大トピックともいうべき騎馬民族日本征服説にこれらの語源説を援用している。

このように、日本古代の政治・社会組織において基本的単位をなしたところの、父系出自集団の名称が、朝鮮語、ツングース語、蒙古語、トルコ語などに連なるものがあるとすれば、それはたんに言語上の同系問題にとどまらず、その政治社会組織自体において本質的に同類のものが、内陸アジア、東北アジア、朝鮮半島、日本にわたって、ひろく存在したことを示唆するものであろう。そうしてそれは騎馬民族社会に普遍的な父系出自集団にほかならない。（江上波夫『騎馬民族国家』）

原初の宇宙観に立ち会う

「虫」も「息子《むすこ》」も「娘《むすめ》」も、「産《む》す」という同語源で説明するとき、ぼくらは事物に名があたえられた原初の宇宙観に立ち会っている。知の考古学は語源的思考を抜きにしては語れないのだ。同じことは中国語の単語である漢字の字源についてもいえる。一字一語(one letter one word)といわれる漢字は、「文字体系の全体がそのまま民俗語彙でありうる」(白川静『中国古代の民俗』)という特異な性格をもった記号の体系である。漢字「道」について白川の『字統』は言う。

【会意】首《くび》と辵《ちゃく》とに従う。古文の字形は首と寸とに従うが、金文に辵と首と又とに従う形の字に作り、のちの導の字にあたる。首を携えて道を行く意で、おそらく異族の首を携えて、外に通ずる道を進むこと、すなわち除道《じょどう》の行為をいうものであろう。道を修祓《しゅうふつ》しながら進み導くこと、それが道の初義であった。〔説文〕二下に「行く所の道なり」と訓し、字を会意とするが、首がこの字においてどのような意味をもつものであるかに、ふれていない。金文の字には行・首に従う字形があり、行は内外に通ずる大道をさす。外界に通ずる道は、外族やその邪悪なる霊に接触するところであるから、除道のための儀礼は厳重を極めるものがあった。途《と》は除道のための余《はり》を立てる形、路《ろ》は各《かく》に従うが、各は祝禱して神をよび下す形である。また外部との境界でもある門にも、呪禁《じゅきん》としての敵酋《てきしゅう》の首を埋めることが多かった。(白川静『字統』)

外界に通じる「道」というものに古代人がどんなイメージをもっていたか、古字書もふれていない。「道」という字を見るとき、ぼくらは、おそらくこの文字ができるはるか前の時代の道の風景を目の当たりにしているのかもしれない。

『字統』に収められた漢字群は、古代中国人の神話的思考の諸単位を復元したものであって、この神話的思考は漢字・漢語で思考する現代のぼくらの思考をも浸しているものだ。

帝室博物館館長であったときの森鷗外は「大正」という元号をきらって（「正」は「一にして止む」と不吉な意味を表わす文に分解できる）、元号研究に情熱を燃やしたというし（猪瀬直樹『天皇の影法師』）、今のぼくらは生まれた子に命名するとき、漢字の呪力に少なからず気を配る「姓名判断」的な思考に頼っている。

ところで、ここでは、すでにその意味性を失ったかに見える単語の語源詮索を通して、過去の風景を復元する、考古学的な手法のひとつとしての語源的思考をみることにしよう。

日本では熱帯でスワンプ・フォレストに相当する大河下流の低地は、アシ原となっていたと推定できる。日本の古名〝葦原の中つ国〟という言葉は、〝樹林の中つ国〟でなかったこと、すなわち山棲みでなく、平野棲み、しかも低湿地を指示することは、東南アジアにおける国家形成力が平野水田農業の段階ではじめておこったこととよく一致する。

ちなみにシナの揚子江下流の湿地も、日本と同様にアシ原が原始景観であったと推定できる。

（中尾佐助『栽培植物と農耕の起源』）

「葦原の中つ国」の原義はそのまま日本古代の景観を復元する役割を果たしている。

江戸という地名がどこまで遡ることができ、何に由来するかは必ずしも明確ではないとしても、少なくともその名が、「水門（水戸）」などと類を同じくすること、つまり入江の河口を示唆する、そういう生活的基盤に根をおろしていることは間違いない。いかに世俗化され洗練され、あるいは忘れられようと、その名前はかつて河口で営まれたであろう集落生活の痕跡を背負っている。

（市村弘正『「名づけ」の精神史』）

これに対して「東京」はたんに「方向指示記号」で、固有性も物語性も持たないから、地名と呼ぶに足るものか、と市村さんは疑念を呈している。同様に「ヤマト」はヤマのフモト、それに対して「日本」という国名は「東の方」という抽象的なイメージしか喚起しない。

つまり、地名が語源やあるいは「語源未詳」という謎をもつことが、世界と「名」との精神史的な応答を可能にしてくれているということなのだ。語源的詮索は、社会史や心性史の研究にとっても有力な思考方法としてしばしば採用される。子どもたちのあいだに残る「エンガチョ」という呪《まじな》い言葉から、「無縁」の原理を説きおこした網野善彦さんの文章の至るところに、この語史的議論がつきまとって、一つの文章特徴となっていることに気づく読者は多いはずだ。

これまでの研究によると、鳥羽院政期ごろから荘園公領制が本格的に形成されてくる、寄進地型荘園が広範に成立するといわれておりますが、「年貢」という言葉が定着するのもほぼその時期と考えてよいと思います。その意味で「年貢」はまさしく中世的な負担の名称として登場したといえましょう。

では、当時の人が「年貢」という言葉をどういうふうに理解していたかということですが、これについて、興味深い史料があります。鎌倉時代の後期に書かれた、「御成敗式目」の最も古い注釈書としてよく知られる「唯浄裏書《ゆいじょううらがき》」(池内義資編『中世法制史料集』別巻、御成敗式目註釈書集要、岩波書店、所収)のなかに「年貢」に読み仮名がつけてあり、「トシ〱ニタテマツル」と記されています。つまり毎年、毎年の「たてまつりもの」と、当時は理解されていたわけです。

それとともに、もう一つおもしろいことは、同じ場所に「貢賦」という言葉をあげてその意味が書いてあります。「貢賦」とは、ふつう貢物と賦税のこと、あわせて負担を意味していますが、「唯浄裏書」は、これに対して「貢ハ下ヨリ上ニ献也」、「賦ハ上ヨリ下へ給也」と注をしているのです。つまり「貢」と「賦」とが反対概念ととらえられている。「年貢」と書けば、さきほどのように年々に奉るものであるのに対して、「賦」のほうは「クバル」という訓に通ずるのでしょうか、上から下に賜わるもの、下のほうからいえば上からもらうものととらえられています。献げるものに対して、給わるものもあるという考え方、これは、やはり常識からはずれるところがあります。もちろんこれを直線的に実態と結びつけることはできないとしても、中世の年貢の性格を考えるための一つの手がかりがここにありはしないか。（網野善彦『日本中世の民衆像』）

日本の中世封建制を、滅私奉公的な関係でとらえる通念に対して、上から下、下から上、の双方向的な、M・モースの「贈与」概念と共通する普遍的なあり方で理解する方向を切りひらかせたのは、「貢賦」という単語の語源的詮索にあった。

化石化した言葉のなかに、過去の生命・生態・心性を復元する試みは、すこぶる魅惑的な思考課題であるけれども、そのときぼくらが注ぐ過去への眼ざし、過去への透視力を支えているのは、古来からある語源的思考であるといえるのだ。

由緒をただす

語源の詮索を目的とするのでなく、そこから出発する思考、つまり、語義の由緒をただすことから出発する思考というものがありそうだ。これも語源的な思考のひとつと考えよう。

たとえば次の文章を、中身よりも、訳者・篠田英雄の訳注に注目して読んでみたい。

法則は、その語義から言えば明らかに主観的なもの(一)、任意的なものであるが、しかし実際には我々と我々のそとにある物とを支配しているのである。認識の対象としての法則は、物と物との相互関係および物と物の作用との相互関係を規定する。また意志の対象としての法則は行動を規定し、命令および禁止と同義である。

(一)〈Gesetz(法則)〉は、動詞〈setzen(置く)〉に由来し、何人かによって確定的に置かれたものの意で、日本語の掟(おきて)に類似している。

(クラウゼヴィッツ『戦争論』上、第二篇第四章)

「法則」というと、客観的、必然的なものと考える者にとって、クラウゼヴィッツのこの言は奇異に感じられる。そこで訳者が、「その語義から」説明をほどこしてくれているのだが、法則―置く、というように語源回帰することで、本文が理解可能になる。しかも、おきて―おきつ、という日本語の場合と比較して対応づけてくれたことでなおいっそうぼくらの納得は深まる。

このように、語源によって概念を明確にする方法は、「注釈」の方法として普遍的なものだ。

語源は過去へさかのぼる思考にとどまらない。原点へたちかえることによってかえって先へ進むことを可能にしてくれるような、そうした思考の場を提供してくれるのも語源だ。哲学者の文章、たとえば坂部恵さんの文章にも語源詮索はよく見られるのだが、次のは、趣味的な語源詮索とは無縁に、思考が思考として成立するぎりぎりのところに「語源」が据えられて、思わず緊張を強いられる文章だった。しかも、名詞を動詞にほどいて理解する、その哲学での例だ。

◇「理性」と「非理性」

「批判」〔独〕Kritikとは、元来、「危機」〔独〕Krisisなどと同じく、ギリシア語の「分離する」を意味する動詞 krinō に由来する言葉であり、したがって、「理性批判」とは、理性を理性ならざるもの、非理性から分離する作業にほかならない。カントは、近代的理性の底にまで下り、理性ならざるものに身をさらし、理性の解体せんとするぎりぎりのふちに立つことによって、よくこの根底的な「分離」の作業をなしえたのであった。前批判期の代表作の一つである『視霊者の夢』(一七六六年)は、カントが、批判哲学の形成期において、晩年のルソーや『ラモーの甥』のディドロと同じく、理性のまさに解体せんとするぎりぎりのふちに、狂気のま近に立っており、そこから思想形成の原動力をえていることをはっきりと示している。カントがとらえたのは、現代フランスの哲学者ミシェル・フーコーが『狂気の歴史』で示したような、近代的理性が「非理性」を分離しつつ自己を確立して行く沈黙のドラマそのものにほかならなかったのである。

カント主義をこえるもの　カントとほぼ同時代のカント主義としての、ベック、マイモン、ラインホルト、シラー、初期のフィヒテからいわゆるドイツ観念論につらなる動きにも、また、新カント主義を中心とする一連の潮流にも、一口にいって、右の非理性的な沈黙の領域への顧慮が欠けており、あるいはすくなくとも希薄であった。「文化」や「理性」を完結したそれ自体で統一をもつものとしてあつかい、それならざるものとの緊張の関係、そういってよければ、もっとも根底的なまたもっとも原初的な意味での疎外への感覚を思考の原動力とすることをやめてしまったのである。カントに立ちもどることは、カント主義をこえることでなければならない。(坂部恵「カント主義」)

「起源」をめぐる思考

最後に、語源の思考にとって大切なまとめをしておこう。それは「起源」というものの考え方にかかわる。

語源を知ることによって見えてくるものがある、というのがぼくらのひとつの態度だった。その背景には起源(過去)を知ることによって現在をも知りたいという期待がある。しかし、同時に、語源不詳、転義、起源説話、といった現象もあって、これに対してぼくらがどんな態度をとればよいかは、もう一段上の思考を必要とする問題である。

語源を知りたがる、ある意味では止みがたいぼくらの期待にたいして、宣長が、次のような警告と知恵をあたえてくれていて意味深長だ。

言の然いふ本の意をしらまほしくする事

物まなびするともがら、古言の、しかいふもとの意を、しらまほしくして、人にもまづとふこと、常也、然いふ本のこゝろとは、たとへば天《アメ》といふは、いかなる意ぞ、地《ツチ》といふは、いかなる意ぞ、といふたぐひ也、これも学びの一《ツ》にて、さもあるべきことにはあれども、さしあたりて、むねとすべきわざにはあらず、大かたいにしへの言は、然いふ本の意をしらむよりは、古人の用ひたる意を、よく明らめしるべき也、用ひたる意をだに、よくあきらめなば、然いふ本の意は、しらでもあるべき也、そも〳〵万《ツ》の事、まづその本をよく明らめて、末をば後にすべきは、論なけれど、然のみにもあらぬわざにて、事のさまによりては、末よりまづ物して、後に本へはさかのぼるべきもあるぞかし、大かた言の本の意は、しりがたきわざにて、われ考へえたりと思ふも、あたれりやあらずや、さだめがたく、多くはあたりがたきわざ也、されば言のはのがくもんは、その本の意をしることをば、のどめおきて、かへす〳〵も、いにしへ人のつかひたる意を、心をつけて、よく明らむべきわざ也、

（本居宣長『玉勝間』）

「天《アメ》」とか「地《ツチ》」とかの語源（本《もと》の意）を知りたがるのは当然だが、それは第一にすべきことがらではない。大事なのは語源よりも用法なのだ、と宣長は言う。ここにはおそらく宣長の年季を積んだ経験からくる思想がある。つまり、第一に、「本《もと》」がわかれば「末《すえ》」

がわかるというものでもない、という思想、第二に、大かた「本《もと》」というものは知りがたいものである、という思想、これである。

語源や起源にさかのぼることの不可能や危険を宣長はよく知っていた。それだから宣長は、「本」＝起源は、わからないだけでなく、隠蔽されるものでもあることを儒教批判のかたちで述べている。

抑《そもそも》天命といふことは、（中略）君を滅し国を奪《うば》ひし聖人の、己《おの》が罪をのがれむために、かまへ出《いで》たる託言《ことつけごと》なり。（同『直毘霊《なおびのみたま》』）

つまり、「天命」などとことごとしく名をつけて理屈や物語を述べても、それは所詮、天下を奪ったものがその事実を隠蔽して、自己の存在の出発点を正当化しようとする虚構にすぎないというわけである。

起源を述べる言説には胡散くささがつきまとう。

語源を考えるとき、あるいは語源で考えるとき、「起源」をめぐるこうした陥し穴にどう処していくかという格段の知恵も必要とされるのだ。

第3章

確実の思考——方法的懐疑と論理

森に迷い込んだときには、どこまでもまっすぐに進むべきだとデカルトは言った。不確かな時代のなかで思考する勇気を、彼は与えてくれる。

本章は、日常の思考のなかに確実性をさぐるのが目的である。より正確には、日常言語のなかの概念的思考の特徴をつかむことに主眼がある。

不確実な時代だから、確実なものがほしい、という願いはだれにでもあるだろう。そして、確実なものを知っている賢者がいたら道をたずねてみたいが、そういう人がどこかにいるとは信じられないというのが現代だ。だいいち、それは自分で求めて自分で納得するしかないことがらだ。それでも先人に道を聞くことはできる。帰依するわけではないにしても、確実なものを求めてきた先人達の歩みをふりかえることは、そこにも同じ願いをもったひとがいたという、発見と連帯の歓びになる。ここでは、そうした先人のひとりとして、まずルネ・デカルトをえらび、思考の方法ということについてたずねてみる。それから、論理学の思考と日常の思考の「確実さ」ということについて考えてみよう。

確実な思考のための四つの規則

『理性をよく導き、もろもろの学問において真理を求めるための方法についての序説』（一六三七年刊）、――一言で『方法序説』と呼ばれる書物のなかで、著者のデカルトは、自身が真理を求めて迷い、やがて確かな方法を編みだすまでにたどった道を、「一つの歴史（＝物語）」として、ぼくらに語ってくれている。

書物の学問から明瞭・確実な認識が得られるものと思いこんでいたデカルトは、地上のどこかに学者というものがいるとしたらここにこそいるはずと期待してはいったラフレーシュ王立学校やポアティエ大学で哲学、数学、法律、医学などを熱心に学んだのだが、期待したものは得られなかった。不確実な哲学（スコラ哲学のことだが）の基礎の上に確実な学問を築くことはできないと彼は判断した。数学の確実性・直証性を認めていたけれども、まだその可能性を悟ってはいなかった。デカルトは、書物の学問をまったく廃して、〝世界という大きな書物〟を読む旅に出る。この旅の記述（第一部の終わり）を注意深く読むと、そこでデカルトが、他の民族の風習の多様性を見て、文化の相対性という視点を獲得していることがわかる。つまり、自文化の慣習的な思考も、頼れるような確実さをもっていないと覚ったのである。こうして彼は、自分ひとりで本気に考えようと決心する。一六一九年十一月、ドイツのウルム郊外の一小村に滞在し、終日炉部屋に閉じこもり思索にふけった二十三歳のデカルトは、そこで、哲学（論理学）、幾何学、代数学の欠陥を補い、思考を正しく導く規則を編み出した（第二部）。規則の数は、法律が少なければ少ないほどよいのと同様、「四つの規則で十分」と彼は考えた。

第一は、私が明証的に真であると認めたうえでなくてはいかなるものをも真として受け入れないこと。いいかえれば、注意深く速断と偏見とを避けること。そして、私がそれを疑ういかなる理由ももたないほど、明晰にかつ判明に、私の精神に現われるもの以外の何ものをも、私の判断のうちにとり入れないこと。

第二、私が吟味する問題のおのおのを、できるかぎり多くの、しかもその問題を最もよく解くために必要なだけの数の、小部分に分かつこと。

第三、私の思想を順序に従って導くこと。最も単純で最も認識しやすいものからはじめて、少しずつ、いわば階段を踏んで、最も複雑なものの認識にまでのぼってゆき、かつ自然のままでは前後の順序をもたぬものの間にさえも順序を想定して進むこと。

最後には、何ものも見落とすことがなかったと確信しうるほどに、完全な枚挙と、全体にわたる通覧とを、あらゆる場合に行なうこと。（デカルト『方法序説』）

この簡潔な四つの規則を、後の人々は、さらに見出しを付けて、一「明証の規則」（「懐疑の規則」）、二「分割の規則」、三「順序の規則」、四「枚挙の規則」、などと要約している。

この四規則をデカルトは、他の分野にも有効に適用できるものと考えている。実際、今のぼくらはこの四規則を、なにか問題を解決するための一般的な手順、つまり思考のアルゴリズムとして受けとりたくなる。文章を書く場合でも、(1)疑わしい材料や前提は捨てたりウラをとったりし（懐疑・明証）、(2)主題を小主題とかトピックに分割し（分割）、それを、(3)配列・章立てし（順序）、(4)漏れやミスがないか再検査し、推敲・校正する（枚挙）、というサイクルをくり返している。

思考を正しくみちびく一般的な手順の研究は、興味深いけれどもうまくいかないという話を聞く。そうであるにしても、デカルトのこの四規則は、「方法」ということばに強い響きを与え、ぼくらの「考える」という行為を勇気づけてくれているように思う。

第一の懐疑の規則の実例は、『方法序説』のなかにあってもとりわけ有名だが、確実さを手に入れる一種の思考実験が開陳される箇所なので見ておきたい（第四部）。真理の探求にとりかかりたいと願うものは、方法的懐疑という態度をとらねばならない、とデカルトは言う。

ほんのわずかの疑いでもかけうるものはすべて、絶対に偽なるものとして投げすて、そうしたうえで、まったく疑いえぬ何ものかが、私の信念のうちに残らぬかどうか、を見ることにすべきである、と考えた。（同）

そこで、デカルトは、少しでも疑いうるものを消去法によって、捨てていく。感覚でとらえられるもの、あらゆる推理、かつて私の精神のうちにはいって来た一切のもの、これらを次々に、真ではないものと仮定しようと決心する。精神も物体も、一切の「ある」と言われるものは無くなる。この「私」までが無いのではないか？　ここまで疑っていったとき、なにが残るか。

しかしながら、そうするとただちに、私は気づいた、私がこのように、すべては偽である、と考えている間も、そう考えている私は、必然的に何ものかでなければならぬ、と。そして「私は考える、ゆえに私はある」Je pense, donc je suis. というこの真理は、懐疑論者のどのような法外な想定によってもゆり動かしえぬほど、堅固な確実なものであることを、私は認めたから、私はこの真理を、私の求めていた哲学の第一原理として、もはや安心して受け入れることができる、と判断した。（同）

なんらかのしかたで疑うことのできるものを、すべてこのように退け、偽であるとさえ考えるならば、神も天空も物体もないと想定することは容易であり、また、われわれ自身が手も足も、さらには身体をももたぬと想定することさえ容易である。しかしながら、だからといって、このようなことを考えているわれわれが無であると想定することはできないのである。なぜなら、考えるものが、考えているまさしくそのときに存在しない、と解するのは矛盾しているからである。（デカルト『哲学の原理』）

ここでは、確実さは、懐疑という除去作業をつうじて得られる、推論の形式抜きの絶対的な確かさ、すなわち明証というものである。後にあげた例では、背理法の形式が使われているが、それでもこれは論理学の背理法とはちがう。論理学の推論では実在の世界との対応を無視するからだ。

「コギト」とラテン語の一語で呼ばれることになったこの「私は考える、ゆえに私はある cogito, ergo sum」という命題をめぐって、その後の思想の歴史はくりかえし議論を深めていくことになる。論理学の推論形式によってはこの命題が証明できないことは同時代にも問題になったし、カントも、「私は考える」は経験的命題だからすでにこのなかに「私はある」を含んでしまっていて、これは同語反復にすぎないと批判した(『純粋理性批判』)。さらにずっと後には、精神分析のジャック・ラカンが、「私」という主体が広大な無意識の言語の構造にとらえられていることを指摘して、デカルトの理性中心の自我像そのものを切り裂いていく(『エクリ』Ⅱ)。このように、デカルトの確実な思考のための諸規則は、さまざまな批判にさらされることになるけれども、確実さということを追求するかぎり、懐疑という方法のもつ重要性がなくなるわけではないということをつけ加えておこう。

日本の懐疑

日本の哲学者でも、このデカルトの方法的懐疑を実行したひとがいる。『方法序説』とおなじ手順で(次の文章は『方法序説』そっくりだ!)懐疑の消去法を続けて、デカルトとはちがう結論に至っている。

今もし真の実在を理解し、天地人生の真面目を知ろうと思うたならば、疑いうるだけ疑って、凡《すべ》ての人工的仮定を去り、疑うにももはや疑いようのない、直接の知識を本として出立せねばならぬ。我々の常識では意識を離れて外界に物が存在し、意識の背後には心なる物があって色々の働をなすように考えている。またこの考が凡ての人の行為の基礎ともなっている。しかし物心の独立的存在などということは我々の思惟の要求に由りて仮定したまでで、いくらも疑えば疑いうる余地があるのである。その外科学というような者も、何か仮定的知識の上に築き上げられた者で、実在の最深なる説明を目的とした者ではない。またこれを目的としている哲学の中にも充分に批判的でなく、在来の仮定を基礎として深く疑わない者が多い。（西田幾多郎『善の研究』）

心がありその外に物があるというような主観・客観の図式そのものが「仮定」されたものにすぎないので疑わしい、だから捨てる、科学も「仮定」の上に成りたつものなので疑わしい、これも捨てる、従来の哲学も同様、……というように、疑わしいものを捨てていって、最後に西田は、「疑うにも疑いようのない」直接の知識とは「我々の直覚的経験の事実」だ、と知ってこれを「考究の出立点」におくことにした。デカルトの「私は考える、ゆえに私はある」というのは、「ゆえに私はある」という推理をすでにおこなってしまっているから、出発点にある経験とは言えない。「私が考える」よりも前に、主観と客観とに分けることのできない直覚的経験がまずなければならない。こう西田は考えた。

到達する結論はちがっても、自分の思考に確固たる基礎を求める者は、あらためて方法的懐疑をおこない、新しい出発点にたちかえらねばならない。西田もそう言っている。

デカルトは「方法」への勇気を与えてくれる、とぼくは書いたけれども、その考えはいまも変らない。しかし懐疑に懐疑をかさねていって、最後に残るものがあればよいのだけれど、何も残らないとしたらという不安もある。確固たる基礎に到達するというのは期待にすぎなくて、そんなものはもともとないのだとしたら？　「基礎」だとか「出発点」だとかいう観点そのものを「仮定」にすぎないとして捨てていくとどうなるか？――これはむしろ、デカルトが現代のぼくらに課した思考課題だというふうにうけとめるべきかもしれない。

ちょっと脱線になるかも知れないけれど、「懐疑」ということについて、西田幾多郎と同時代の日本の別の例を見ておきたい。

疑いをおしすすめても「疑いえない」場所に行きつかない場合はどうなるか。永久に疑いつづけるしかない。明確な思考は始まらないから解決ということがなく、あらゆる理想が疑わしく感じられる、無理想・無解決の懐疑主義の思考が蔓延する。これは日本では、明治の終り、日露戦争後に流行の頂点を極めた自然主義文学とともに、時代思潮のひとつとなって今日にまで及んでいるものだ。次のような島村抱月の告白調の文章を読むと、はっきりした人生観などもっていないぼくは、「懐疑と告白」を続けるしかないと主張する自然主義文学に妙に同情を覚えたりもする。

此の論文が『懐疑と告白』といふ題目で私の人生に関する現在の考を述べようとする。それだけは自明の事としても、述べてさて何にする。述べようと決心するに至つた動機が既に以上の如く雑駁であるとすれば、此等の諸動機の凡てを是認するだけの統一目的が潜んでゐて、それの力が我々をして書かざるを得ざらしめて呉れなければ困る。現在の心理状態を検べれば前言つた通りの無統一な有様で、真理の為、世上の為といふ気持もあるが、それと反対にたゞ自分の為といふ気持もある。現状を告白して見ると、自分で恥かしいやうな、不愉快な感じがする。将来も是れでやつて行つて美いものだらうか、何不快不安だ。出来るなら単一な、あらゆる部面を満足させる解決がつけて貰ひたい。何時か何処かで一度は是非それをつけて置かないと、我々の生は一代ぐら〳〵として過ごさなくちやならぬ。それは苦痛だ。そこで斯んな考の起るたびに彼らが斯うかと考察に耽る。けれ共遂に是れが最後の鉄案だといふものに行き当たらない。此の論文を書く必要即ち根本目的はと問はれても結局今の私は明確な答を与へ得ない。已むを得ぬからそれを催進した諸動機を漫然数へ上げて見る。あれも一理由、是れも一理由だといふ。そして其のあれと是れとの間の矛盾を思うていやな、不満足な感を残す。何とかして此等の矛盾した動機の奥に、凡てを是認して安心さする統一目的又は統一動機があつて欲しい。私は今斯んな背景の中で此の論文を書く。

（島村抱月「懐疑と告白」）

なんでこんな論文を書くのだろうと、自分の動機を探っていくと、いろんな動機が錯綜して、結局自己の本体はわからない、疑っている自分が見えるだけ、それでも、これら諸動機の根底に「統一目的」「統一動機」があってほしい、と願っている……。抱月もデカルトのように「第一原理」を求めているように見えるけれど、第一原理に行きつくためには疑わしいものを次々と捨てていかねばならない。抱月はどの動機も捨てる気配はないから第一原理に行きつくのは無理だろう。かといって、鷗外のように「人間の動機は複雑で自分にもわからないものだ」と割りきるわけでもない。流行のすべての思想は信ずるに足らない、「充実した我れはたゞ懐疑、未解決」で、この心の光景を告白するほかないと言って、懐疑を抱きかかえている。告白の文学をよしとする結論が先にあって、そのことがこういう態度をとらせているようにみえる。

抱月はこれより前の「囚《とら》はれたる文芸」という文章のなかにデカルトを登場させて、デカルトは「己れとは何物ぞや」と近代の哲学を開始したが、そして自分も同じ道をたどろうとしたが、これは所詮「智識」の分野のことにすぎないとして見かぎった、と記している。

デカルトが求めたのは「己れとは何物ぞや」ではなくて「真理とは何物ぞや」であったはずだが、抱月には「自己」の方に関心があった。

デカルトの道をたどりなおした西田とデカルトの道から離れた抱月と、哲学の方法的懐疑と文学の懐疑主義と、――デカルトの方から抱月に照明を当てたみたいで、なんだか抱月の分を悪くしてしまったようだ。

ただ、動機の問題は、自身でも知らない無意識の自己という精神分析的な問題へ通じているし、日常の自己の心的光景をのぞき見るということからいえば、抱月はさしあたりデカルトの思考の通用しない蓋然性の世界にいるわけである。

日常世界の「方法」

ところで、デカルトの『方法序説』で、ぼくがとりあげたいのは、もうひとつ、日常世界での実践道徳の規則を説くデカルトである（第三部）。「方法」というと前に紹介した第二部ばかりがとりあげられるけれども、「方法」は、実はこの第三部とペアにならなければ半端になってしまう。つまり、学問を構築するためにすべては疑いうるとした不決断のデカルトにたいして、第三部の、日常の思考のなかでの決断を説くデカルトにこそ方法意識の卓越が見られるのだ。

もし第二部の四規則だけで、ぼくらの思考を律したらどういうことになるか。もちろん、決断が遅れ日常生活はマヒしてしまうだろう。そこで、デカルトは、「理性が私に対して判断において非決定であれと命ずる間も、私の行動においては非決定の状態にとどまるようなことをなくするため」、当面の四つの準則（格率）をつくっている。

とくにとりあげたいのは「第二の格率」である。

◇◇◇ 私の第二の格率は、私の行動において、できるかぎりしっかりした、またきっぱりした態度をとることであり、いかに疑わしい意見にでも、いったんそれをとると決心した場合は、それがきわめて確実なものである場合と同様に、変わらぬ態度で、それに従いつづけること、であった。どこかの森に迷いこんだ旅人たちは、あちらへ向かったり、こちらへ向かったりして迷い歩くべきではなく、いわんやまた一つの場所にとどまっているべきでもなく、つねに同じ方向に、できるかぎりまっすぐに歩むべきであって、その方向を彼らに選ばせたものがはじめはたんなる偶然にすぎなかったかもしれぬにしても、少々の理由ではその方向を変えるべきではないのである。というのは、こうすることによって、旅人たちは彼らの望むちょうどその場所には行けなくとも、少なくとも最後にはどこかにたどりつき、それはおそらく森のまん中よりはよい場所であろうからである。うえの格率において私はこういう旅人に倣《なら》おうとしたのである。そしてそれと同様に、実生活の行動はしばしば猶予をゆるさぬものであるから、より真なる意見を見分けることができない場合に、より蓋然的なるものをわれわれがとるべきであるという、このこと自身は、きわめて確実な真理なのである。のみならず、たとえわれわれが、どちらの意見が蓋然性をより多くもつかを認めえないような場合でも、われわれはやはりそのどちらかをとることを決心せねばならず、しかもいったん決心したあとは、実行に関するかぎりその意見をもはや疑わしいものとは見ず、きわめて真で確実なものとみなすべきである。なぜならば、われわれをして、それをとることを決心せしめた理由そのものは、真実で確実なのであるからである。そしてこういう態度によって私はこのとき以来、かの心弱く動かされやすい人々、すなわちあるときあることをよいと認めてあやふやな態度で実行し、あとになってまたそれを悪かったと思うような人々の、良心をつねに悩ます、後悔や悔恨のすべてから、脱却することができたのであった。

（デカルト『方法序説』）

見てのとおり、「道徳」と言っても、これは生活上の知恵、ノウハウに近い。「森に迷いこんだ旅人」とは人生の比喩で、それにどこまでもまっすぐに行けと指示するのは、幸福というものへのデカルトの深い洞察である。やや即物的な連想を挙げると、迷路からの脱出法として、古来からハンド・オン・ウォールという方法がある。右か左かどちらかの壁に手を当てて、その壁づたいにどこまでも進む、そうすれば出口（あるいは入口）が必ず見つかるというものだ。スマートな方法ではないかも知れないが、これも先にあげた実践的な準則の適用例というべきだろう。

後年デカルトは、『方法序説』のことを、「論理学の主要な規則とまだ不完全な道徳の主要な規則」を示したものと簡潔に述べているのだが（『哲学の原理』）、「方法」を「論理学」

と「道徳」の二つの語で構成しているのはすこぶる興味ぶかい。「不完全」とは価値が低いということではない。論理学の世界に対して、日常の世界は「蓋然性」にみちていることをデカルトはよく知っており、それに対して「蓋然的」な態度をとることじたいは「きわめて確実な真理」なのだ、と実践的な理性のありかたを自覚しているからだ。

これは、確実の思考を確実に保証するためのより高次の確実の思考だとぼくは思う。さらに言えば、ここには、専門の思考の外側に広大な日常の思考の領野があって、そこでも確実さは求められているということでもある。それで、確実の思考を考えるために、つぎには、日常の思考と論理学の思考との接点をあつかってみたい。

定義の思考

明確な思考をすすめるために、いろいろな意味を持ってしまう言葉にあらかじめ意味を限定しておく、ということは日常の世界でもおこなわれることだ。「酸性雨」の被害を言うときに、通常の雨に硫酸や硝酸が含まれる場合、酸性物質が雪や霧に含まれる場合、直接地上に降下する粒子状酸性物質の場合、のどこまでをふくめてこの言葉を使うかをあらかじめ決めてぼくらは議論をすすめる。

「点とは、部分をもたないものである」「線とは、幅のない長さである」「面とは、長さと幅のみをもつものである」（ユークリッド『原論』）というように、切りつめられた定義から始めて、命題の体系を構築していく幾何学には、なるほど繊細な美しさがある。

ところで、国語辞典にはこうした言葉の定義がのっているはずだけれど、井上ひさしさんや赤瀬川原平さんがあげつらうように、ぼくらの思考の出発点にあるはずの言葉の定義にはいろいろおかしな問題がつきまとっている。

たとえば、「岩」を引くと「石の大きいもの」、「石」をひくと「岩より小さく、砂より大きい鉱物質のかたまり」、「砂」をひくと「細かい岩石の粒の集合」（広辞苑）、というように、砂の定義は結局、岩や石にもどってしまう。こういう定義の循環は、言葉の意味の説明が別の言葉によってしかできないところからきている。だから、「意味とは用法である」（ヴィトゲンシュタイン）と言い切る哲学者も出てくることになる。

ひとつの言葉の説明が別の言葉へ、その言葉がまた別の言葉へと、次々と移送され、結局は巨大な循環をなして閉じている辞書の空間。このことについては、詩のような例文がある。「意味」というものを、言葉の背後にあるように想像している人は面くらう文章だ。でもひとつの語を定義しようとして、混乱に陥った経験のある人には実感のある文章でもある。

キャロルにあっては出来事はすべて言語の中で起る。いいかえれば、キャロルの言語は決してその背後へ、実在や意味にではなく、つねに別の名に送りとどけるのだ。それはまさしく表面の言語というべきだろう。

「歌の名は《たらの眼》と呼ばれる」

「ああ、それが歌の名であるってわけね」

「いや、わかっちゃいないな。名がそう呼ばれているといっているのさ。本当の名は《年寄りの、年寄りの男》であるのだ」

「じゃ、歌がそう呼ばれているといえばよかったのかしら?」

「いや、そうじゃないんだ、それでは話が別になる。歌なら《やり方と手段》と呼ばれている。しかし、それはただ歌がそう呼ばれているというだけのことさ」

「では、一体、歌はなんであるの?」

「それだよ、歌は実際には《柵に腰かけて》であるのさ」

問題は第一に、であると、と呼ばれている——いいかえれば、物とその名との関係である。しかし第二に、ここでは物そのものがひとつの歌、いいかえればすでに言語であり、それ自体ひとつの名なのだ（歌は実際には《柵に腰かけて》である）。名と、名の名。そしてまたその名……だがそれは本質的に言語の構造なのでは？　たとえば辞書の空間。シニフィアンがあるシニフィエに送りとどけるとき、そのシニフィエはそれ自体シニフィアンとなって新たなシニフィエを呼び起こす、言語を構成するこの記号の移送の無限のたわむれをのがれうるようなシニフィエはない。（宮川淳『紙片と眼差とのあいだに』）

ルイス・キャロル、本名チャールズ・ラトウィッジ・ドジソンという数学者の書いたふたつのアリス童話は、ぼくらに次々と思考の難問をつきつけてくる。「ジル・ドゥルーズの余白に」と題された宮川淳のこの文章は、アリス再読のきっかけをつくってくれた思い出ぶかい文章でもある。言葉には内属する意味実体などなくて、意味をつかまえようとすると、次々に別の言葉へ言いかえられていくだけ。つるつるした言語表面の広がりが見えてくる。リンクからリンクへと次々と飛び移っていくインターネットのハイパー・テクストの世界も、なにやらこれに似ている。

そういうわけで、意味の意味を定義することは避けたいのだけれども、定義の循環のほかにもうひとつの問題を指摘しておきたい。それは、「花」を「種子植物の有性生殖に関与する器官の集合」（『岩波生物学辞典』第4版）と定義されると、花のイメージが浮かばなくなることだ。正確な定義は、個物から遠ざかる。見慣れた花が日常的・経験的な世界からずっと遠くの世界へ行ってしまった感じになる。実際、「種子植物」「有性生殖」「器官」の概念は、「花」をふくめたもろもろの存在物から抽象してつくられた上位概念であって、それらの概念を理解できないものにはこの定義も理解不能になる。一般に、定義は、上位概念が幾つも組みあわせられた抽象的なものにならざるをえない。

反対に、言葉の意味の説明には、次の例のように工夫されたものがあって感心した。

三次元とは、一つの点を明示するのにたとえば経度、緯度、高度の三つの数字を必要とするということだ。（ジェイムズ・グリック『カオス——新しい科学をつくる』）

これは、類と種差による古典的な定義法とはちがうけれども、抽象的な用語を、こんなふうに即物的・操作的に説明されるとわかりやすい。

そもそも、おなじ単語とはいっても、辞書に載っている単語と、ぼくらが実際のコミュニケーションで使う単語とは、そのありかたがまったくちがう。辞書の単語は文脈・状況から切り離された抽象的な単位であり、会話のなかで、「花！」とか「雨！」と発話した場合は、具体的な文脈と状況をもった文章になっている。こういうのを「文」と見なして「一語文」と呼んだり、これだけで完結した「文章」になっているから「一語文章」だと言うひともいる。

　すると、ぼくらがここで概念の定義を必要とするのは、辞典をつくるためではなく、具体的な思考、具体的な文章の場面でのことなのだということがはっきりする。その場合には、定義は、その概念のおかれた文脈や状況との関連で変わりうるもの、と考えたほうがよくなる。しかも、言葉は誰かによって語られるものである以上、語るものの観点がその概念を規制する。

　植物学者が「花」を語る場合でも、花の概念は観点や文脈によって照明をあてられる箇所が変わる。たとえばこんな例はどうだろう。

　花は、率直にいえば生殖器である。有名な蘭学者の宇田川《うだがわ》榕庵《ようあん》先生は、彼の著『植学啓源』に、「花は動物の陰処の如し、生産蕃息《はんそく》の資《とり》て始まる所なり」と書いておられる。すなわち花は誠に美麗で、且つ趣味に富んだ生殖器であって、動物の醜い生殖器とは雲泥の差があり、とても比べものにはならない。

（牧野富太郎『植物知識』）

花は生殖器である、というこの書き出しの定義は、これにつづく筆者の主張の根拠を明確にするために、最小限必要とされたもので、これ以上にくわしい植物学的な説明を必要としない。この定義は、形や色彩や芳香など感覚でとらえられることばによって花を記述する視点をそぎ落として、ただただ生殖というその機能（はたらき）のみから花を見る視点を鮮明に設定している。すなわち、この視点からつぎのような主張がなされるわけだ。

草でも木でも最も勇敢に自分の子孫を継ぎ、自分の種属を絶やさぬことに全力を注いでいる。だからいつまでも植物が地上に生活し、けっして絶滅することがない。これは動物も同じことであり、人間も同じことであって、なんら違ったことはない。この点、上等下等の生物みな同権である。そして人間の子を生むは前記のとおり草木《くさき》と同様、わが種属を後代《こうだい》へ伝えて断《た》やさせぬためであって、別に特別な意味はない。子を生まなければ種属はついに絶えてしまうにきまっている。つまりわれらは、続かす種属の中継ぎ役をしてこの世に生きているわけだ。

ゆえに生物学上から見て、そこに中継ぎをし得なく、その義務を怠っているものは、人間社会の反逆者であって、独身者はこれに属すると言っても、あえて差しつかえはあるまいと思う。つまり天然自然の法則に背いているからだ。人間に男女がある以上、必ず配偶者を求むべきが当然の道ではないか。（同）

このように世の独身者を叱る文脈を用意するなかで、花を生殖器として定義したのだと知れば、定義というものが、いつでもどこでも同じである必要はなく、筆者の観点、文章の文脈に応じて変わってよいということがわかってもらえると思う。

関係の思考

ここで、定義が文脈に依存することを明解に説いた文章を引用しておこう。

今日の言語学者たちは恐らく正しい考え方をしてはいるのだろうが、学校の子供たちはいまだに〝名詞〟が〝人や場所や物の名前〟だとか、〝動詞〟が〝動作を示す言葉〟だとか、バカげたことを教えられているのだ。まだ頭の柔かい時期に、定義するとはあるものをほかのものとの関係において見ることではなく、物がそれ自体で何であるかを言うことだという誤った考えを植つけられているのである。

みなさんも学校で、名詞とは〝人や場所や物の名前〟であると教えられた経験がおありだろう。文の構造を分析していくあの退屈極まりない授業を覚えておられるだろう。あんな教え方は即刻止めるべきだと思う。名詞とは述語とある関係を持つ言葉、動詞とはその主語である名詞とある関係を持つ言葉、という教え方に子供たちがついていけないことはあるまい。定義の基盤に関係を据えればよい、そうすればどんな生徒だって、「〝行く〟は動詞である」という文がどこかおかしいことに気づくはずだ。

文の構造分析の退屈さ、そして後にケンブリッジでやらされた比較解剖学の退屈さを、私は忘れはしない。どちらもまったく現実離れしていて、授業が苦痛でさえあった。結び合わせるパターンについて教えられなかったものだろうか。すべて情報伝達《コミュニケーション》にはコンテキストが必要だということ、コンテキストのないところに意味はないということ、コンテキストが分類されるからこそコンテキストから意味が付与されてくるのだということを教えられなかったものだろうか。成長も分化も情報伝達という規制の下で起こる以外ないということ、動植物の形態はメッセージが一つの形をとったものにほかならないこと、言語もそれ自体情報伝達の一形態であること、インプットの構造は何らかの形でアウトプットの構造に反映されるということ、生物体の構造はすべてメッセージをつくっていた物質的材料が変換を受けた姿にほかならず、そこで起こっている形づけがコンテキストによるものであるとすれば、生物体構造の中にも文法に相当するものが必ずあるはずだということ、そしてコンテキストによる形づけとは文法の別称にほかならないということ——こういった内容の授業が不可能であったはずはない。

（ベイトソン『精神と自然』）

物がそれ自体で何であるか、を問う実体論的な思考をやめて、関係論的な思考へはいりこむと、「定義」というものの様相が大きく変わることがわかると思う。ここにあげられている文法教室での、「〝行く〟は動詞である」という例文の〝行く〟の位置関係に注目すれば、この例文中での〝行く〟は名詞なのだ。

反定義の思考

定義については、もうひとつ、特異な考え方がある。

世界内に不意に姿をあらわした人間は、そのあとで自分を定義するしかない、人間だけは定義不可能だ、とする「反定義」の思考をその出発点においたサルトルの有名な一節を引用しておこう。ここでもやはり、「実体」「本質」の概念への批判が、全面的ではないけれども前提にある。

われわれが創造者としての神を考えるとき、神は大抵の場合、一人のすぐれた職人と同一視せられるのが普通である。デカルト流の説にしろ、ライプニッツの説にしろ、どんな説をとって考える場合でも、意志が多少とも悟性のあとに従うものであること、或はすくなくも悟性に伴なうものであること、神が創造する場合、神は自分が何を創造するかを正確に知っていることを、かならずわれわれは認めるのである。つまり人間という概念は、神の頭のなかでは、製造者の頭にあるペーパー・ナイフの概念と同一に考えてよい。神は職人が一つの定義、一つの技術に従ってペーパー・ナイフを製造するのとまったく同じように、様々の技術と一つの概念とに従って人間を造るのである。こうして個々の人間は、神の悟性のなかにある或る一つの概念を実現することになる。十八世紀になると、哲学者たちの無神論のなかで神の概念は廃棄されたが、だからといって、本質は実存に先立つという考え方は捨てられなかった。(中略)

実存主義の考える人間が定義不可能であるのは、人間は最初は何者でもないからである。人間は後になってはじめて人間になるのであり、人間はみずからが造ったところのものになるのである。このように、人間の本性は存在しない。その本性を考える神が存在しないからである。人間は、みずからそう考えるところのものであるのみならず、みずから望むところのものであり、実存して後にみずから考えるところのもの、実存への飛躍の後にみずから望むところのもの、であるにすぎない。人間はみずから造るところのもの以外の何者でもない。以上が実存主義の第一原理なのである。

（サルトル『実存主義とは何か』）

超定義の思考

定義が視点やコンテクストに依存することを見てきたが、最後に、総復習をしておこう。次の文章は、「管理売春とは……」という明快な古典的定義文をもつ段階、次に定義の分裂を確認する段階、そして仮定世界で「……だろう」という形の定義を回復する段階、というように、定義のあり方が問題に応じて変わっていく好例で、総復習のための材料が出そろっている。

まちがってそう受け取られているようだが、管理売春は、女が男に性を売る取引ではない。管理売春とは、その実、男が男に女という商品を売る取引であり、商品である女には客を選択する権利はない。おおかたの社会でこれは犯罪行為であるから、この商取引に関与した男は、犯罪に加担したことになる。したがって売春男と買春男はともに犯罪者であるが、商品である女が罪に問われる理由はない。セックスビジネスを「売春」と呼ぶのは、商取引の主体があたかも女であるかのような見かけを与えることで、ほんとうの主体が男であることを隠蔽する。

自由売春（そんなものが仮にあるとして）の場合はどうか？ 性労働も労働の一種なら、労働者はじぶんという労働力をまるごと売っているわけではない。したがって、合意によらない契約外の労働を拒否する権利がある。アダルトビデオに出演した女優が、合意に反したセックスを強要され、つまり強姦されたうえに、そのビデオが商品として流通したことに対して「人権侵害」が問題になったのは記憶にあたらしい。彼女の人権は守られるべきだろうか。そのためには、まず、性労働を労働として認めなければならない。

だが、性労働者の人権侵害、という考え方にひとびとがとまどうのは、性労働じたいが人権侵害のうえに成り立っているのではないか、という疑いからである。この考え方は両極の立場にひとをみちびく。ひとつは金とひきかえにいったん自分の人権侵害をうけいれた女は、どんな目にあっても文句をいえる立場にない、という見方である。もうひとつは、人権侵害を商行為として成り立たせるような労働は、何とひきかえであれ、許すべきではない、とする見解である。

この両極端の意見は、じつは同じコインの裏表にすぎない。これは性が人格とむすびつき、したがって性の侵害は人格の侵害と同じであるという考えのポジとネガである。このピューリタニズムは、廃娼運動や売春防止法の制定にたずさわった有識女性たちを「売春婦」差別に導いた。（中略）

だが、性が人格から独立し、性的欲望が権力関係とむすびつくことをやめたとしたら？ ひとびとが凝った肩をもみほぐしてもらうように、性的緊張を解きに専門家のもとをおとずれ、性労働者から社会的なスティグマがぬぐい去られるようになったら。そうなれば、性労働者はマッサージ師とかわらない一専門職になるだろう。と同時に、その代価も、マッサージ料なみに低下するだろう。「性労働の自由化」が現実になるのは、それが可能になる遠い未来のことであろう。

（上野千鶴子「「セックスというお仕事」の困惑」）

第一段階は、「管理売春」について、「単語の思考」の章でみたように、「売春」概念の誤用を厳しく批判する「not A, but B」のパターンがとられ、「売買春」の主体は男、とする明快な概念規定がなされる。

ところが第二段階の、「自由売春」の概念については、「労働」の視点からと「人権」の視点からとで概念規定は分かれてしまい、「花」を植物学者が定義したような具合には合意は得られそうにない。しかし、そういう新しい事態が世の中に出現してきてもいて、その事態は、名づけられることを、定義されることを、要求している。

第三段階では、「自由売春」の定義を困惑させるその共通前提にあった、性と人格とのピューリタニズム的な結びつきがとりはらわれたとしたらどうか、という仮定の世界を思考実験にかけることがおこなわれる。そうなれば、性労働もマッサージと変わらない一専門職になるだろう、として、定義は新しい前提のもとで回復されることになる。

こういう「遠い未来」に仮定された前提のもとで、「……だろう」と推論する文が定義と言えるだろうか。「定義」と呼ぶのがはばかられるなら、「超定義」とでも呼んだらどうだろう。

現実というものには仮定や可能の世界が潜在しているのであるから、姿を現わしつつある現実や対象を概念によって特定しようとするときには、仮定形や未来形をともなう「超定義」文を必要とする、とこう考えたらどうだろう。未来に向かうぼくらの思考の構えのなかにこういう定義法も用意しておきたい。

論理学の思考とレトリックの思考

ぼくらの言語活動は、単語を組み合わせて、文をつくり、文をくみあわせて文章とか談話と呼ばれる思想の単位をつくる。一方、思考活動は、概念を組み合わせて命題をつくり、命題と命題との論理的な関連を問題にする。こう考えると、言語学の世界と論理学の世界とが、非常に近い関係にあるように感じられる。文法学は、何万語もある単語を文法的な性質から十種の品詞に分類するし、概念をたとえばアリストテレスはやはり十二個のカテゴリーに分けている。では、言語学と論理学とを組み合わせれば、ぼくらの具体的な言語活動や思考活動を説明できるのだろうか。

ところが、この問題はまだ解決ずみではない。まず、言語学があつかう言語は、せいぜい文までで、論理学もやはり、命題と命題との限られた接続関係までしか扱えない。もちろん、具体的な文章・談話を扱えるように、ディスコースの言語学とか論理学がめざされているけれども、だれもが合意するような理論はまだない。まだまだ途上なのだ。

それでここでは、この本で扱う具体的な文章や思考が、論理学の世界で使われる思考や文章とどんな関係にあるか、簡単に考えておこう。

まず、論理学の世界と日常言語の世界とはどう違うか見ておこう。それを考えるのにちょうどよい例文がある。

日常の言語は人間同士のコミュニケーションということを最大の目的としている以上、できるだけ短い時間のなかで多くの情報を伝えるということが一つの大切な目標とされる。そこでたとえば「象は鼻がながい」というような表現は、象が主語なのか鼻が主語なのかはっきりしないから、このままではその論理的構造が明示されていない、いわば非論理的な文章である、という人もある。しかしこの文の論理的構造をはっきりと文章にあらわして

「すべての x について、もしその x が象であるならば、y なるものが存在し、その y は鼻であり、x は y を所有しており、この y は長い」

といえばいいかもしれない。しかし日常の言語によるコミュニケーションでは、たとえば動物園で象をはじめてみた小学生が、父親にむかってこのような文章で話しかけたとすれば、その子供は論理的であるといって感心されるまえに社会人としての常識をうたがわれるにきまっている。常識（すなわち共通にもっている情報）でわかっているものはいちいち言明のなかに入れないで、いわば暗黙のうちの了解事項として省略し、できる

だけ短い記号の組み合せで、できるだけ多くの情報をつたえることが日常言語の合理性の一つである。

（沢田允茂『現代論理学入門』）

というわけで、「論理的」ということは「論理学的」ということとはちがう。沢田文にあるとおり、日常言語は、コミュニケーションの効率を高めるために、暗黙の了解事項をいちいち言明しない。そうなると、日常言語のなかで論理的な思考とか論理的な文章というとき、その思考や文章にどんな条件が備わっていなければならないかは、改めて考えてみる必要がある。それは、論理学の推論形式をフォーマットどおりに使える能力ということではなかった。沢田さんの文章では、それを、論理的という言葉と区別して、コミュニケーションの効率を考えて「合理性」と呼んでいた。

論理学や認知科学の分野で、日常言語や日常言語での推論を解明する努力がなされている。伝統的な命題論理学では無理だが、述語論理学、様相論理学などが、日常言語の世界に挑んでいる。それで、単語中心のアリストテレスに対して、文（命題）と文（命題）との関連を扱った古代ギリシャのストア派とかメガラ派の論理学が再評価されるようにもなってきた。ストア派やメガラ派は、プラトンやアリストテレスからは「ソフィスト」と呼ばれて軽蔑されてきた人たちだ。

日常会話と、論理学の推論形式とを比較すると、日常言語のある種の特徴がわかる。論理学とは異なる日常言語の特徴点、それは「メッセージ」であるという点にある。「メッセージ」は、発話者に対しても、事実上の真理性に対しても無関心な「命題」とは異なり、状況との参照を必要とする。現代の論理学や認知科学が、日常言語を扱おうとするとき、語用論（プラグマティックス）を手がかりの一つにするのはその理由による。命題と命題との関連を扱っても重要な違いがある。

論理学者の「そして」「ない」「すべての」「いくつかの」その他は、私たちがよく知っている市民的な用語ではない。論理学者のそれは、軍隊に入って軍事訓練を受けた徴用語であって、たしかに、それ以前の、より自由で安逸な市民生活の記憶をもってはいるが、いまはその生活をしていないのである。〔この点を理解するには〕二つの事例で十分である。

（ギルバート・ライル『ジレンマ』）

この例で十分として、ライルのあげた例文はこうだ。

「彼女がヒ素を飲み、そして病気になった」

と聞いたとき、私たちの日常の論理では、これは、

「彼女が病気になり、そしてヒ素を飲んだ」

とはまったく違うことがらを意味するだろう。

ところが、この二例は、論理学では同じことである。

つまり、日常語の「そして（and）」には「そしてそのつぎに」という時間的な観念や「そしてその結果」という因果的な観念が含まれているが、論理学の「そして」ではそのような観念はきれいにそぎ落とされているというのだ。

例は挙げていないが、「もし……ならば、……」（if…, then…）という条件文はもっと極端に日常の論理に抵触するという。

つまり、命題論理学では、「もし……ならば」という前件が真で、かつ後件が偽のときにのみ、この命題は偽となる。だから、前件が偽ならば、後件は真であっても偽であっても、この命題は真となる。これを日常の論理にもちこんだら、混乱は避けられないだろう。

「もしケネディが大統領だったなら、キャベツは野菜である」

というナンセンス文は、前件・後件はまったく無関係であるが、どちらも真なので、命題も真。

「もし犬が魚なら犬は泳げない」

という反事実文も、前件が偽なので、後件の真偽にかかわらず真、というぐあいになってしまう。

この例は、J・オールウドほかの『日常言語の論理学』に載っている。

日常言語では、前件と後件のそれぞれが事実であることが要請される。

このように、論理学のあつかう思考・言語の特徴と、日常言語の思考との違いを知った上で、では、日常言語には論理と呼べるものはないのだろうか、という疑問がわく。もちろんそれはある。

三木清はそれを「レトリック的思考」と呼んで、その固有の論理を、アリストテレスの『弁論術』にある「エンチュメーマ」(省略三段論法)から導きだしている。

誰かを相手にして話すとき、我々はつねに或るレトリックを用いている。そしてそのとき全く無意味に話しているのでない限り、我々は思考しつつ話しているのである。従って我々の用いるレトリックは我々の思考の仕方を現わしている筈である。もし如何なるレトリックにもよらないで話すとすれば、我々は自分を他人に十分に理解させることができないであろう。レトリックは特殊な思考の仕方であり、相手を説得することに、その信（ピスティス）を得ることに関係している。かようなものとしてレトリックも特殊な証明を含まなければならぬ。レトリックにはレトリックの固有の論理がある。レトリック的な証明はエンテュメーマと称せられる。それは論理学的な証明即ちシュロギスモスとは性質の異るものであるが、一種の論証であって、アリストテレスによるとレトリック的なシュロギスモス（推論）と看做され得るものである。ただ論理学的な証明がロゴスのうちにあるのに反して、レトリック的な証明は却ってパトスのうちにある。レトリック的に話す、従ってレトリック的に思考する場合、我々は相手が如何なる状態にあるか、彼の感情とか気分を考慮に入れ、思考の仕方はそれによって規定されている。言い換えるとレトリック的に思考するとき、我々は相手のロゴス（理性）よりも彼のパトスに、もしくは彼自身のレトリック的思考に訴え、それにふさわしい言語的表現即ちレトリックを用いるのである。聴き手においてパトスが言葉によって動かされるとき、聴き手自身が証明の道具となる。しかし更に重要なことは、かようなレトリック的思考はつねに話し手自身のパトスに結び附き、これによって規定されている。それは各人のエートス（性格）に従ってそれぞれ異るところの性格的な思考である。性格は根本においてパトス的なものである。レトリック的思考はその証明を話し手のエートスのうちに有するようなものである。それは各個人において異るばかりでなく、各々の国民、各々の社会、各々の世代において異っている。既にしばしば述べた如く、我々がパトスとか主体とかいう場合、決して単に個人的なものを指すのではない。例えばひとはドイツ哲学とフランス哲学とは考え方が違うなどという。このときもし考え方というものが、論理学的思考方法の意味であるとすれば、両者の間に差異のあるべき理由はないであろう。論理学的思考は普遍妥当性を有し、各国民各個人等において相違すべきでないからである。それぞれに相違し特殊性を有するのはレトリック的思考、主体的にパトス的に規定された思考でなければならない。

（三木清「レトリックの精神」）

日常言語がコミュニケーションの言語であり、対話的関係のなかにあることは今まで見てきたとおりだが、三木のいう「レトリック的思考」は、この対話的関係のなかにはたらく思考の論理をとりだそうとしたものだ。

アリストテレスは、エンチュメーマについて、「ドリエウスがオリュンピアの競技で勝った」と言うだけで、彼が賞品として冠を得た、という結論が出てくる、という例をあげている。これは、オリュンピアの競技での勝利という概念には、賞品が冠であることが含意されていることを意味する。このように概念とその内包との含意関係にもとづいて省略的な論証形式を用いることは、日常言語、日常論理の特長である。

だから、日常論理は、論理学の論理と全く断絶しているというわけではないのだ。

このエンチュメーマの延長上には、換喩（メトニミー）と呼ばれる比喩表現がうまれる。これは、散文的言語を特長づけるものだ。

三木は、論理学的思考とレトリック的思考とを、パトスとロゴス、普遍と特殊、というようにも特徴づけていて、これは戦前の文章ではあるけれども、日常言語の思考を探求していく大事な手がかりを与えてくれている。

第4章

全部と一部の思考――反証・量化・代用

普遍的な理論を否定するには、たった一つの例外を見つけるだけでいい。「全てか無か」の単純思考を脱して、全体と部分の微妙な関係に注意深くなろう。

「すべて」「ことごとく」「皆んな……してる」という一般化に対しては、「……とは限らない」「必ずしも……ではない」という言い回しで対抗することができる。それなら、「日本ほど……の国はない」「日本文化の特徴は……」といった言い回しに対してはどうだろう。やや筆鋒は鈍ってくるかもしれない。が、それにしても、たとえば、西欧と比較しただけで「日本の独自性」は言えない（李御寧《イーオリヨン》）、「東洋と西洋」という言い方にはアラブ世界が欠けている（梅棹忠夫）など、誤まれる一般化を批判する視点は必要だ。そこで、この章では、全部と一部とを区別するところから始めて、最後には、逆に、部分で全体を代用する思考について検討してみよう。

反証

「全部」と「一部」とを区別することから始めよう。普遍性を名のる理論は、全部に通用するのでなければ普遍的とはいえない。だから理論の普遍性を判定するには、それが全部に通用するかどうかを調べてみるのが手っとりばやい。たとえば、原始（未開）と文明との質的な差異を説くふたつの理論にたいして、文化人類学者の石田英一郎は次のように判定をくだした。

今日われわれが原始民族とか、未開民族とかいうとき、その原始・未開といったことばは、一般に文明という観念と対置して使われている。しかしそれでは何が文明で、何が原始であるか、この二者の間のどこに質的な一線を画することができるのか、という問題になると、その答えはなかなか容易ではない。
たとえば、原始と文明とは、文字の使用の有無でわけられるのではないかという、常識的な考えがある。しかし、南米に南北四千キロにわたる大帝国を築いたインカ族などは、文字を持っていなかった。人間は文字を持たなくても、あれだけの文明に達しうる可能性をもっているわけだ。また考古学の方から、石器時代を原始とし、金属器時代以後を文明とする区分の方法がある。けれども中米のマヤ文明の最も華やかだった古典時代には、金属を使っていた痕跡はない。彼らの石器だけで作った建造物や彫刻の中に、われわれは石器時代最高の文化ないし文明といったものを見ることができよう。つまり、文字とか金属とかいった一、二の要因だけが、決定的に人間を未開から文明へおしすすめたと断定することはできない。人間の持っている可能性は、もっと複雑多岐にわたるものである。

(石田英一郎「人間の呼ぶ声——原始芸術の底にあるもの」)

この石田文では、原始と文明との差異を、文字の使用の有無に求める理論に対してはインカ帝国という例外を、金属器の使用に求めるもう一つの理論に対してはマヤ文明という例外を、それぞれたった一つずつ挙げるだけで、それらの理論を突き崩している。理論はたった一つの例外を「反証」(反例)として挙げられればその普遍性を失なってしまう。

このように、思考が普遍性を獲得しようとすると、全部と一部との緊張した対立は避けて通れない課題となる。もちろん一部の「反証」を挙げて理論を突き崩すことにくらべて、全部に通用する理論をつくることは数百倍も困難な作業であることはぼくらもよく知っている。石田文ではこのあと、それにもかかわらず存在する原始と文明との差異について、それは、集団の規模や技術水準における相対的・量的な差にすぎないと指摘している。

ぼくらもまた何らか普遍性を志向する思考をおこなおうとするときには、仮説をつくりそれに例外という「反証」を突きつけてみる、という対話作業をくり返しながら、仮説をより普遍的なものへと鍛えていくことにしよう。

そこでまずは、全部と一部ということについて敏感になるための、シンプルな一例をあげてみよう。これは文章ではなく、犯罪者の心境告白の言葉である。

「これで、だいぶ気持ちが楽になりました」と、犯罪を自供したあとで犯人が語ったその「だいぶ」という言葉をとらえて、まだ犯罪の全てを自供していない、余罪がある、と捜査員たちは推測した(「朝日新聞」一九八九・八・一六)。宮崎勤の連続幼女誘拐殺害事件の場合である。ここでは、全部と一部との区別は何気なくもらした言葉のなかに表明されていると考えられるから、言葉に注意ぶかくさえあれば誰にもこの種の推理は可能であろう。

では次の文章はどうだろうか。やはり言葉を手がかりに、全部と一部のけじめを問題にしなければならない文章だとぼくには思える。

◇◇◇◇◇◇◇◇◇◇

結局、鷗外が文学的手法を転換したことが、単に手法の問題ではなく、文学的目標を転換したことを意味することがはっきりするであろう。鷗外が飛躍を捨てたことは西欧的文学手法を捨てたことを意味した。文学的手法を捨てたことは文学を捨てたことを意味した。文学を捨てたことは文学として対象の上にとらえなければならぬ或る生命的なものを捨てたことを意味した。ここで問題は私が一番最初に触れた文学における人間像の有無の点に戻って来た。

（勝本清一郎「世界観芸術の屈折」）

勝本文では、「西欧的文学手法を捨てた」が、次の文で、「西欧的」が脱落して「文学的手法を捨てた」と反復されてひきつがれ、しりとり的に論理がすすめられている。これは批判になってしまうのだけれど、「西欧的文学手法」は「文学的手法」の一部でしかないと考える者にとっては、これの脱落したつなぎのところで、一部とのあいだの強引な跳躍がおこなわれたと思わざるをえない。度はずれた一般化がここではおこなわれている。これは、西欧的文学手法が文学的手法の全てである、という前提を承認した場合にのみ成り立つ論理である。

さて、次に、反証をあげるだけの知識をぼくらが持たないような理論にたいしては事はそう簡単ではなくなり、自身でデータを集めたり、先人たちの強靭な思考に学んだりすることになる。

日本史では、鎌倉時代の浄土信仰の流行を末世思想と結びつけて教えられた記憶がぼくにもあるけれど、仏教哲学者の鈴木大拙はそうではないと言って、こんなしかたの反論をしている。

末世思想が、学者の言う如く、当時の日本人間に一般に拡がっていたかどうかをまず検討しなければならぬ。伝教大師このかたそんな考えは仏教学者のあいだに伝わっていたろう。しかし仏教学者は仏教徒および然らざる人々の全部でない。当時、一般の仏教者はどの程度に漢文の経典に親しみ得たか、また伝道者はどの程度まで仏教の意識を一般民衆のあいだに拡げていたか、お寺の建物はあり、坊さんは居る——破戒無慚《はかいむざん》の坊さんは、仏教の始まりからインドにもシナにも日本にも居た、また居る。が、それで一般人はどのくらい仏教を知らされていたか、そして末世思想をもつようになったか。平安朝を通じて、仏教の知識がもしあったとすれば、それは一部の仏教学者のあいだに限られていた。お寺に来たり、坊さんに供養した貴族には、とんと初めからその知識などはない、まして信仰をやである。彼らは仏教を一種の娯楽と心得た。坊さんも多くはそれ以上を彼らに要求しなかった。政治が腐敗してきて、社会の安寧、民衆の生命・財産が脅かされても、それは末世ではない。仏教は、彼らをしてそれほどまでに感ぜしめる程度の普及性をもっていなかった。仏教はそのころ——今でもそうだが、政治や社会生活とほとんどなんらと言ってよいほどに、関係していない。もし末世思想が旺盛であったため、浄土教が唱えられ受入れられたとするなら、それは一部の坊さんのあいだだけで、決して一般性をもっていたものではあるまい。（鈴木大拙『日本的霊性』）

部分的な現象を全体の現象ととりちがえる、誤まった一般化を批判する、つまり、部分と全体の区別をつける思考をここではとっているわけだ。大拙が反論のあとにあげる対案は、一般人のなかに時代の退廃への反省がうまれ、そこから「日本的霊性の自覚」のあったことが浄土信仰と相応したのだ、という説明である。

相手の見解が、一部にしかあてはまらない、「一面的だ」、だから一般化はできない、という批判的思考は、議論のなかで最もよく使われる論争技術であるけれども、これは決して論争の表現技術にとどまるものではない。認識の「部分性」「一面性」の自覚は、その「空白」をうめるための発見的思考をうながすのだ。

同じく歴史の分野で、水稲耕作中心の日本史像に、班田制が実施されていた地域は畿内に限られていた、米はふだんの食糧ではなく象徴交換のためのものであった、として、山民・漁民から遊行の民（職人たち）の活動をひろくとりこむところから、網野善彦さんの社会史学は始まっている。

思考のすじみちとしては、これらはきわめてオーソドックスで、当たり前すぎるように思われるけれど、実際には誰にでもできるというものではなかったという事情がある。それに、たとえばこの歴史学の新傾向であった「社会史学」は、多種多様の統計資料を駆使して、歴史現象を数量的に把握する方法をうちだして、世間をアッといわせたのだ。秀吉の刀狩り以来、日本の民衆は丸腰の民だと思っていたぼくは、江戸時代に各地の村々に保有されていた鉄砲数の表を見て、そのかなりの数に驚いたことがある（塚本学『生類をめぐる政治』）。

量化の思考

この全部と一部の問題は、論理学と関連づけていえば、述語論理学の「量化」の思考と対応している。つまり命題を、「すべてのxはFである」「あるxはFである」と量的に規定して推論をすすめていく思考法である。この量化の思考は古典論理学にはなかったもので、現代論理学の一大特徴である。

そこでぼくらは、量化の思考の基本として、「日本人は勤勉だ」「いや勤勉ではない」といった全称の反対関係による単純な議論を脱け出て、「勤勉な日本人もいる」「勤勉でない

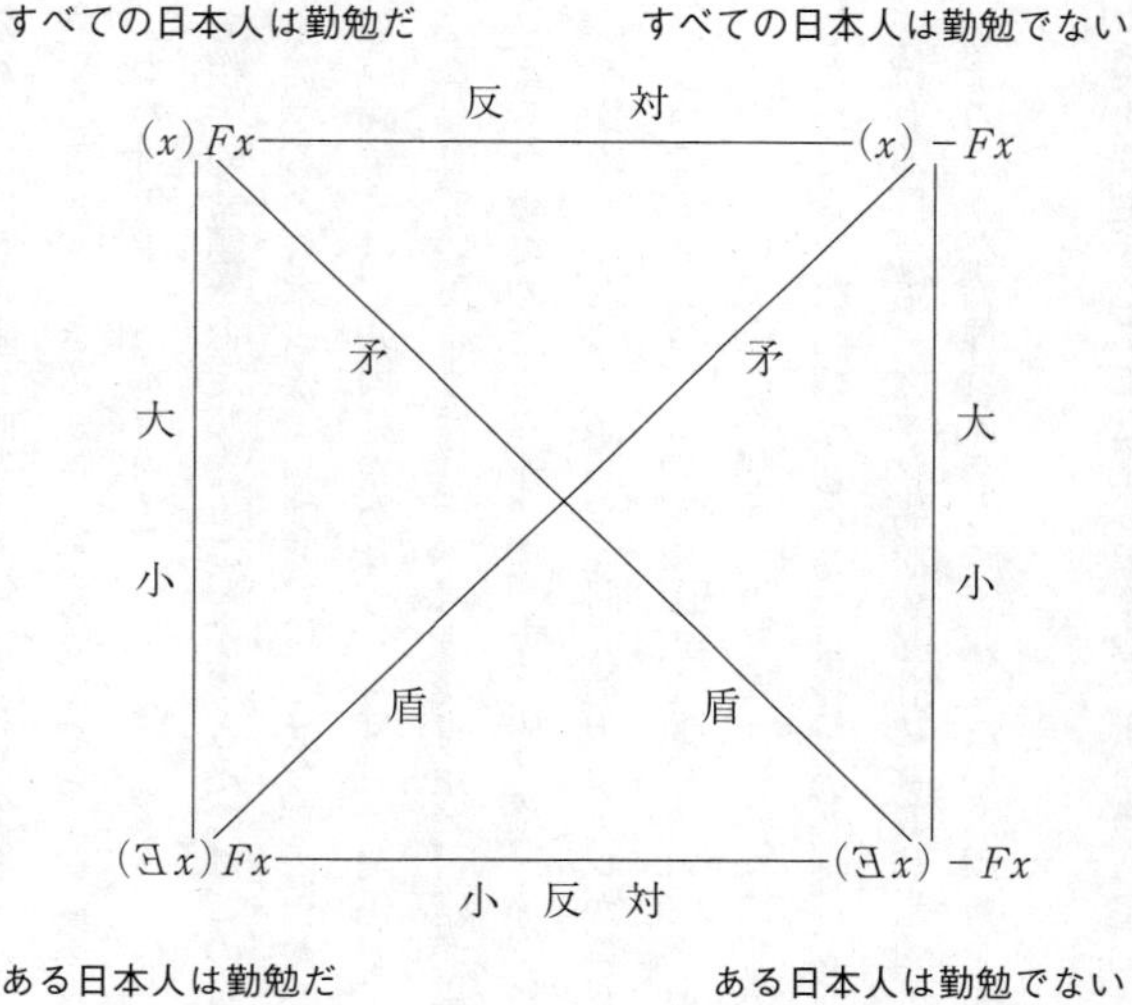

日本人もいる」という特称命題のレベルをふくめて論理のうちにくみこむことをしてみよう。

こんなことを問題にするのは、ぼくらの議論の中に、「全てか無か」という単純対置で対立関係をとらえようとする短絡的な思考が案外ひそんでいそうに思えるからだ。図で見るとわかるように、「すべての日本人は勤勉だ／勤勉でない」というほうにはともに真実がなく、真実は「ある日本人は勤勉だ／勤勉でない」のほうにある、という場合が現実問題ではしばしばありそうだからだ。もう少し厳密に言うと、上の「反対」関係にある両者が議論しても真の対立にはならず（両者とも偽でありうるから）、下の「小反対」関係も両者ともが真で両立することができるから真の対立にならず、真の対立（両者の両立がありえないような）は、二本の対角線上（矛盾関係）にしかない。たった一つの例外を「反証」としてあげるだけで相手の命題を否定し去ることができるのはこの対角線上においてであるし、真に議論が激突するのも本当は（論理的には）この線上においてなのだが、しばしばぼくらの見かける「論争」は、共倒れのありうる「反対」関係や、両立可能な「小反対」関係の線上でおこなわれているようだ。そのほうが肯定／否定が単純対置されていてわかりやすい印象を与えるためなのだろうか。「論争」がマスコミのショーである場合はそれでもよいが、真実を探求するための議論や、研究途上でアレかコレかと迷ってアタマの中で模擬論争をするようなときには、この四項図式を頭に入れてとりかかることにしたい。

このように「全てか無か」All or Nothing の思考の単純さを抜けでて、柔軟な思考をするためにもこの四項からなる「量化」の論理は必要である。「全否定」と「部分否定」と呼ばれる関係も、全称／特称の量化の論理にしたがっている。老子の欲望否定説についてもこのような論理装置をもって臨まないと誤解を生じることになる。

◇◇◇人間は生きたままで死者になる、すなわち完全に無欲となることはできない。欲望を無際限のままに放置することも危険であるが、それを完全に無くすることもまた不可能である。老子は理想として無欲を説くが、それはあくまで理想であり、実際には寡欲を——できるだけ無欲に近い寡欲を説くものと見なければならない。彼が「知足」すなわち「足《た》るを知る」ことを説くのもこのためである。足るを知るということは、何ほどかの欲望充足を認めることであり、欲望の全面的な否定ではない。老子においては生そのものを否定する厭世思想はなく、むしろ生を全うすることこそ彼の哲学の根本であった。

（福永光司『中国古典選 老子』上）

「清貧」とは「赤貧洗うがごとき」状態とは違うのだ、教養を育てることを可能にするだけの財産があることを言うのだと、永井荷風も言っている。

このほか儒教の「中庸」の考え方なども、同様に部分否定・部分肯定のバランス論理であると思うし、満開の時期をちょっと過ぎた桜に美を見いだす『徒然草』の兼好の美意識、光でも闇でもない「陰翳」に日本文化の本質をみる谷崎潤一郎など、述語論理学の量化の論理と対応する思考が、アジア的な思考の特徴のようにも思えるのだけれど、それはもちろん一部をとらえて全体に代えようとするぼくの、非論理学的な直観にすぎない。

一部による代用

ところで、すべてについてコレコレダという一般化については反証があげやすいのだけれども、一部をあげて全部の代用にする思考はいろんな分野にあるから検討しておきたい。

一つは、世論調査にみられる「無作為抽出法」(ランダム・サンプリング)という方法。これは全員を調査したのではないのだが、全体を調査した結果にちかい「近似値」とみなされる。予備校の全国模試による合格率の予測も、一部受験生のデータから当日の全受験生のデータを近似的に予測したものだ。いずれにしても「無作為抽出」のサンプリング数が少なければそのデータの信憑性は低い。

社会科学の分野では、出来事や現象の全体を観察できない場合、他も似たような条件であろうと仮定して、一部の範囲から得たデータで全体的な結論にすることが行われる。その場合、一部を全部と見なす根拠づけにはこの「無作為抽出」の「近似値」の考え方と似たものが想定されている。

第二に、これはぼくらの認識と言葉が部分性という限界をもつところから、事物の一部をあげて他の部分や全体を推理したり想像させたりする思考がある。

「外套に身をくるんで」といえば冬という季節が推理できるし、「碧眼」という部分で「西洋人」という全体を意味するたぐいは、いちいち意識化することはないけれども、ぼくらの思考は、この部分による全体の代行ということを絶えずおこなっており、これによって思考が可能になっているといってもよいくらいだ。

この部分と全体の相互代行によって成りたつ思考が比喩的な表現様式として意識されると「換喩」（メトニミー）になる。

また、事件・事柄の強烈な一部のみを挙げて、他の部分や全体を想像させることは、映像表現のクローズアップと同様、それ自体強調法・誇張法の効果をもつために、センセーショナルな世論誘導に利用されやすい。金日成死後のある時期の北朝鮮について、「餓死者が出ている」「木の根を食べているものがある」「人肉を食べる事件があった」など、報道の断片的なイメージ言語によって、かえってその「食糧危機」という全体が強烈に印象づけられた。情報戦争と世論操作は、一般にこの、部分と全体をめぐる人間の思考回路に人為的に介入するところに成りたつといえよう。

以上、全部と一部をめぐる思考は、量化の論理学の推論形式をはるかに超えでた広大な領域でおこなわれているもので、これが論理学的に正しい推論法ではないといったところで始まらない。全部と一部とのあいだの空隙をうめようとする推理（擬似推論）や想像力の働きを否定してしまったら、ぼくらの日常的思考はたちまちマヒしてしまうに違いないのだから。それゆえぼくらは思考目的に応じて、この全部と一部という問題にたいして、ある場面では敏感に、また別の場面では寛容に、というように自覚的に使い分けていくしかない。

最後にこの問題にかんしてひとつ補足をしておこう。それは、全称命題と特称命題との与える心理的な効果の違いについてだ。なんといっても、「すべて……」という全肯定・全否定の方が潔《いさぎよ》い印象を与える。「すべて」「全部」という量化の言葉はレトリカルな誇張表現としてもつかわれるのだ。だいぶ過去に属するのだが鮮明な印象に残った例があるのであげよう。

一九八八年におきた海上自衛隊の潜水艦「なだしお」と第一富士丸の衝突事故から一カ月後に、事故当事者の山下啓介艦長、近藤万治船長が語った次のような言葉に注目したい。

山下前艦長は、事故後一カ月、一度も自宅に帰っていない。「全部の遺族を回らないうちは、家に帰るわけにはいかない」と言っているという。

(「朝日新聞」一九八八・八・二四)

また、近藤船長との一問一答。

――事故の原因について遺族には何を聞かれるか。

「避けられなかったのか、とか、船を止められなかったのか、とか。避けられました、止められました。責任はすべて私にあります、とお答えしている」

――「なだしお」の方に避航義務があったのではないか。

「法律的にはともかく、何をしても、私は衝突を避けるべきだった。自分がだ輪（かじ）を握っていた船で三十人の方が亡くなった事実は重い。百パーセント私が悪い」（同）

このように頻出する「一度も……ない」「全部の遺族を」「責任はすべて」「百パーセント私が」という全否定、全肯定の表現には、語り手あるいは書き手の痛切な感情がこめられている。この感情の誇張法に虚偽があるという気はぼくにはさらさらない。ただ、特に近藤船長の「すべて」「百パーセント」は誇張法であることには違いなく、このような場合にはこの種の誇張表現をつかわなければかえってぼくらの気持がいたたまれなくなるような感情の仕組みがあったのだろうと思う。

第5章

問いの思考——思考に形をあたえる

問いを明確にすることは、考える力を身につける第一歩だ。だが、答えを出すことがすべてではない。解決されえない問いこそ、新たな思考を促すのだ。

考える力をつけたい、もっと深く思考するにはどうしたらよいか。これは漠然とした願いのようだけれど実はよい手がある。明確に問うくせをつけることだ。「問題が正しくたてられれば答えが出たと同じだ」、というのはウソではない。それに、「人間は解決可能なことのみを問う」とも言われる。問いは解決に向かおうとする意志でもあり、方法でもある。だから、「必要は発明の母」、「問いは解決の母」なのだ。

疑問文を作る——問いから答えへ

問いを明確にすることがどうしてクリアな思考を保証することになるのか。その理由は、言語と論理の両面から答えることが出来る。

ひとつは、思考の言葉の最小単位としての文には、問いが含まれているという理由による。たとえば、文は、「SはPである」というとき、「Sはどうかというと、それはPである」というように、話題・問題を提起する部分と、それに答える部分とから成り立っている。つまり、文はそれ自身の中で問答をしているわけだ。文の中には、問いが含まれているから、その問いをあからさまな疑問文に変えてやれば考えやすくなる。とくに日本語の助詞の「は」には疑問文が隠れていると考えてよい。「ぼくは（なにを食べるか？　というと）ウナギだ」、というように。

もうひとつは、この話題・問題を提起する部分を、伝統的な論理学では、文＝命題の主語というのだけれど、それについて述べる述語は、その主語の持っている属性の一部なのだ。だから、主語に含まれている属性を吟味すれば、述語が可能になってくるわけだ。問題とは主語・主題のことだから、疑問文がなくとも疑問文がはらまれているのは当たり前だ。つまり、言語活動・思考活動をしていればそこにすでに、問題が発生しているわけだ。

問いというものが、言語にも論理的思考にも、遍在していることがわかったら次には、では、明確に問うくせをつけるにはどうしたらよいか。もちろん、疑問文をつくり、その疑問文が明確かどうか、吟味する習慣をつけることだ。

問題設定の仕方を吟味する、その最も単純なやりかたは、問いを答えやすい形に変形する方法だ。コロンブスの卵の例がそれにあたるだろう。

もうひとつは、大きな問題を小さな問題に分解すること、複雑な問いを単純な問いに還元すること、これだ。

たとえば、多角形の面積を出すときに三角形に分解する。これは、デカルトのよく言う複雑なものを単純なものに分解するということで、これを、未知のものを既知のものに変形すること、と言い換えてもよい。つまり、すでに知られた三角形の求積のルールへと、答えやすい問いに還元してしまうわけだ。

大きな研究をするとき、長大な論文を書くとき、テーマ分析ということをするが、あれも結局は、問いを別の問いに変形していることにほかならない。

行動の中での問いも、よりストラテジックになった問題解決型の思考とみなせばよい。遭難したロビンソン・クルーソーは、どうやって食糧を確保するか（↓山羊を飼おう）、どこに住居を定めるか（↓安全を考えたら岩壁の下にするのがよい）、等のさまざまな難問を、解決していく。だからルソーはこの本を、問題解決学習のテクストとして、教育書『エミール』のなかで、子どもたちの教材に推薦している。ロビンソン・クルーソーは、生活上の問題だけでなく、心の悩みも、「ロビンソンの帳簿」と呼ばれるバランスシート（収支決算）に、有利な項目と不利な項目とを書き並べて、絶望を希望に変えていく。ベンジャミン・フランクリンの自伝にも、その種の問題解決学習の権化のような近代の英雄像を見ることができる。難問を解決する英雄は、蟻を使って細い穴に糸を通すとか、鏡を使って怪物を退治するテーセウス、スフィンクスの問う難問に見事答えを出して町を救うオイディプスのような古代の英雄のほか、破産寸前の家を分度法と呼ばれるリストラ術で解決する二宮尊徳とか、スキーヤー猪谷千春の父六合雄のように、五本指の手袋と親指と他の四本の指とに分けた手袋とどちらが保温効果があるかを実験で確かめる、科学的な思考の持ち主など、無数に存在する。これらは、絶えず問題を産出してはその解決を工夫していく、実に生産的な人間の生産的な思考である。実用的でたのもしい。つまり、産業社会型の思考だと言ってよい。

だが、このように必要に迫られた問いばかりを、人間は発するわけではない。必要・実用から離れた、知的な問いもある。

西洋皿をナイフで引っかいたり、ガラスを硬いもので引っかくとぼくらは身ぶるいするのだが、それはなぜだろうか。また、あくびはなぜ人に伝わるか。——

こんな疑問にアリストテレスのスクールでは、皆であれこれ答えている。アリストテレス全集の『問題集』という巻は、「余暇」の産物とはいえ、人知の余裕を思わせてぼくは好きだ。

太陽を見つめると、くさめがよく出るのは何故であろうか。或いはそれは、太陽が鼻を熱して運動を起こさせるからであろうか。それはちょうど、羽毛で鼻を擽《くすぐ》るのと同じことである。なぜなら、いずれの場合も同じ効果を挙げるからである。

（アリストテレス『問題集』）

やはり深刻なものではないが、解答の与えられた問いがある。夜空の星を探すとき、視線をちょっとずらすと見え、まっすぐに見ようとすると消えてしまう。かねがね疑問に思っていたが、答えは「周辺視力」というので、きわめて合理的でそっけないものだった。

非常に暗い光の下では色や小さな物はよく見えないことを私たちは経験から知っている。暗がりで物を見るときは、視力は大部分網膜の桿体で見ている。桿体は錐体より鋭敏であるが、色とか細かいものは識別できない。うす明かりの下でものを最もよく見るには、対象を直接見ない方がよい。たとえばよく晴れた夜、輝く星を見上げるとそのそばにほのかな光の星が見えることがある。しかしそのほのかな光の星を直接見ようと視線を移すと、見えなくなってしまう。なぜなら、その時にはほのかな星を黄斑部で見ることになり、錐体はほのかな光には反応できないからである。周辺視力の感度は、危険から身を守ってくれる。とくに動いている車のような危険物がせまってくる時などには、眼のはじの方でいちはやく感じて身を守ってくれる。

（A・M・クック編『からだの百科』）

この周辺視力のはたらきが、危険から身を守ってくれているなんてちっとも気がつかなかった。

しかし、答えが与えられた後でも、それを疑問に思ったときの不思議の感覚は今も残っている。どうもこの疑問は、ぼくには切実に解答をもとめる種類の問いではなかったらしい。色彩という現象に魅せられたゲーテが、ニュートンの光学に反感をもったのもわかる気がする。

である。

科学の問いとパズル解き

科学的思考における問いも基本的には、このような、生産的思考、答えを生み出す思考である。

光を光の速さで追いかけたら何が見えるか、という問題をアインシュタインが十六歳の頃から考え続けたという話は有名だ。光は進まなくなり一点に静止した光振動が見えるはずだが、彼は直観的にそんなことはありえないと確信し、ここにパラドクスがあると考えた。電磁場の理論の不備を乗り越えることから始まる彼の相対性理論の出発点には若い頃のこの疑問があった。

科学の思考の中での問いは、パズル解きにたとえられるとトマス・クーンが言っていて、これは科学において問いのもつ条件を非常にはっきりさせてくれた。つまり、答えが存在すること、答えを導くための方法・ルールがあり得ること、このふたつの条件がみたされなければ、科学は問いを発することをしない、というのだ。

問いがどんなに重要で切実でも、どうやって癌を治療するか、いかにして永久の平和を実現するか、といった問いは、それじたいでは科学の問いにはならない。答えが見つからないことが多いからだ、とクーンは言っている。ちょっとずるいぞと思えるのだが、実にストラテジックではないか。たしかに、医療や公害や紛争の問題では、何をもって解決と見なすかで紛糾することが多い。どんなに社会的に重要な問題であっても、科学者集団の仕事から冷淡に扱われている問題があるのは、ひとつには、このようにパズル解きのかたちに直せない、という事情によっていたのだ。

科学の問題をパズルとみなせば、パズルには解答が存在するという特性以外に、他の性格もある。それはルールである。正解の性質にもそれを得る道にも一定のルールがあるのである。たとえばはめ絵を解くことはただ「絵をつくる」ことではない。子供でも芸術家でも絵片を適当に並べて抽象的な絵を作れる。こうしてできた絵はパズルで作る絵よりもはるかに良く、確かに独創的であろう。けれどもこのような絵は答ではない。答を得るには、すべての絵片を使い、隙間なく埋めねばならない。このような規則がはめ絵のルールである。同じようなルールがクロスワード・パズルや判じもの、チェスなどにも見つかる。

（トマス・クーン『科学革命の構造』）

自然科学だけでなく、答えを必要とする問いであるからには、答えを導くための方法・

ルールが必要ということは、日常世界でも同じだ。「いかに生きるか」という問いは人類普遍の問いのようだけれど、職業選択が自由になった十二世紀のヨーロッパの都市のなかで、この問いが始まったのだと、阿部謹也さんが述べている。

人類の長い歴史の中で「いかに生きるか」という問いが発せられたのはそう古いことではない。そのような問いが問いとして意味を持ち得るためには「いかに生くべきか」という問いに対して自ら答えを出し、その答えに従って生きて行く可能性が少なくとも存在していなければならないからである。

しかしそのような可能性は古代にはほとんどなかったといってよいだろう。西欧の古代末期には特別な運命にもてあそばれた個人が自分の運命について考察している例はある。しかしそれは特殊な例であって、私たちが「いかに生きるべきか」と自ら問うような場合とは異なっている。中世においてすら中頃までは父親の職業を継ぐのがふつうの人生であった。

十二世紀頃になってはじめて「いかに生きるか」という問いが実質的な意味をもつことになった。この頃に都市が成立し、そこで新たな職業選択の可能性が開かれていたからである。農村出身の子弟は都市でギルドやツンフト（手工業組合）の職人になる可能性があったし、大学に進学し、法律家や官僚、司祭になる可能性も生まれていた。このような可能性が開かれたとき、はじめて人は「いかに生きるか」という問いに直面したのである。それまでは父親の職業を継ぐことが当然のこととされていた。いまやなにを職業とすべきかを考える中で「いかに生きるか」という問いが重要な意味をもったのである。

（阿部謹也『「教養」とは何か』）

これが「教養」の始まりだった、と阿部さんは言う。そしてこの問いへの答えを、人々はローマ末期の作家たちに求めた。当時の俗語であるフランス語やドイツ語ではこの問いに答えることはできなかった、だから、ラテン語の能力が必要だったというのだ。「いかに生きるか」なんて、あまりにもおおざっぱな問いのようだけれど、その問いが有効になるためには、このように、答えとルールのそなわった歴史的状況が必要だったという点は、科学の場合と変わらない。

よくよく考えてみれば、答えを出さねばならない問いにとっては、クーンのだしたこの二つの条件が、どうしてもなくてはならないものであるというのは、当たり前のことだ。

しかし、それだから、このクーンの説明は、科学の思考と遊びや芸術の思考との違いの説明にもなっていて、その意味でも興味深いのだ。つまり、パズル解きのかたちに直せない問いというものがあって、そのような問いがぼくらに、もうひとつの思考の存在を示唆してもいるからだ。

対話のなかでの問い

ひとりで考えるときにも、自問自答している。つまり自己内対話をしているわけだ。これをもっと方法的に、他者とのあいだでやってみよう。思考は、はっきり形を持ってくる。ひとりの時のように堂々めぐりをすることもなくなる。

対話の場面で問いはどんなふるまいをするか、というと、問答という単位の片割れになる。つまり、こちらが質問して相手が答える、という問答体の対話形式をとる。質問・発問ともいうこれは、相手にたいして、「言え」「答えろ」といって応答を求め促すわけだから、「一種の命令法」だと、言語学者の佐久間鼎は指摘している(『日本語の言語理論』)。つまり、質問には、相手に答えることをせまるこちらの意思が表明されているわけで、問いは、対話的場面にあっても、やはり、情動的なものを随伴する形式らしい。「おまえがやったのか?」「どうしてこんなことをしたんだ?」という問い、つまり詰問は、答えに「すみません」という意思表示をもとめているだけで、論理的な解決を求めているわけではない。

裁判は、原告や被告との間で問答を繰り返しながら、事実（事件）を復元・記述していくが、社会的な制裁意思がその文体にはともなう。

この問答法を、もっと考えよ、と、思考をうながす装置として、理性的な方面に極限化したのが、ソクラテスの有名な助産術だ。

問いを教育の方法に使ったのは、孔子のスクールでもそうだったが、孔子のスクールでは、「司馬牛仁を問う」といったように、弟子が孔先生に「仁とは何でしょうか？」とか、「死後の世界は存在するのでしょうか？」「鬼神に仕えるにはどうしたらいいんですか？」などと質問して、先生が答えるかたちだった。ソクラテスの場合は逆だ。師がもっぱら設問を出し、弟子に答えを出させるようにしむけるのだ。

ソクラテスはよく問うひとであったようだ。クセノフォーンは『ソークラテースの思い出』のなかで、ソクラテスのことを、カリクレースが「知りきっていることを盛んにたずねる癖がある」と言って非難していたと書き残している。しかし、プラトンの記録を読んでみると、ソクラテスはやみくもに、方向もなく質問を連発するインタビュアーだったのではない。ソクラテスのやりかたは特別鋭い質問を発して相手を打ちのめすというものでもない。彼の方法はもっと巧妙でストラテジックだった。相手の思考を整理して「問題」

に変えてしまうのだ。相手の論理の不備・矛盾・弱点をあからさまにして、相手の内部に自身がいままで持っていた考えに疑問が生じ、自答せざるをえないようにしむけていく。ということは、問答という思考形式を教育の場に持ち込むことを意味する。

一つの例で見てみよう。

プラトンの『テアイテトス』のなかで、ソクラテスは優秀な青年テアイテトスを相手に、知の助産術の実演を試みている。ソクラテスの、知識とは何か、という問いにたいして、知識とは感覚である（ものを知るとはものを経験し体験することだ）と答える青年に、その青年とともにその青年の感覚説の立場を押し進めながらその弱点を露呈させていく。感覚というものが身体の感覚器官（官能）に帰属することをはっきりさせたところから、この問答はターニング・ポイントに入る。

ソクラテス　また、君がある一つの官能（あるいはその器官）を用いて感覚するところのものを、他の官能（あるいはその器官）を通じて感覚するということは、例えば聴覚を通じて感覚するところのものを視覚を用いて感覚するとか、あるいは視覚を用いて感覚するところのものを聴覚を通じて感覚するとかいうようなことは、それは不可能であるというのに対して、どうだね、君が同意を表わしてくれることを当てにしてもいいかね。

テアイテトス　むろんそれが私の所存です。またどうしてそうでないことがありましょう。

ソクラテス　すると、いま双方のものについて、何かを君が考えているとして、これはその器官の片一方だけを通じてではないだろうし、またさらに感覚するにしても片方だけ用いて、双方についてということはできないだろう。

テアイテトス　そうです、それは事実そういうわけがないのですから。

ソクラテス　さて、ところで、声と色とについて、そもそもまず第一に君がこれら双方のものについて考えることは、必ずやそれが双方ともあるというまさにそのことであろうと思うが、どうだろうか。

テアイテトス　そうです、それが私として考えることです。（プラトン『テアイテトス』）

声と色の双方を考えようとすると、それは身体のどんな感覚器官を通じてもできない。「あらゆる感覚の対象に共通なもの」を知ることは感覚ではできないのだ。こうして、青年は、感覚（の対象）とは異なる心（の対象）、すなわち知識のはたらきに気づいていく。

テアイテトス　あなたの言われるのは、あるということ（有）、あらぬということ（非有）、似ているということ（類似）、似ていないということ（不似）、同じということ（同）、異なるということ（異）などなのでしょう。またさらにそれらについて、一つとかその他の数を言おうとなさるのでしょう。むろんまた奇とか偶とか、その他これに関連するところのものも、あなたのその問いの中に入っているわけなのでしょう、そもそもわれわれが心でもってこれらを感覚するのは、身体に所属する何ものを通じてであるかという問いの中に。

ソクラテス　うま過ぎるくらいに、テアイテトス、君は僕の言おうとしていることに付き合ってくれるじゃあないか。ちょうどまさにそれが僕の問いなのだ。

テアイテトス　ですけれど、それが何であるかを答えて言うのは、神明に誓って申しますが、ソクラテス、少なくとも私には、できそうもないことです。ただこれだけは申しあげられます。これら（共通）のものには、さきの〔感覚されるものの〕場合のような、あんな独得な各別の器官なんてものは、はじめっから少しもないのではないかと私には思われるのです。むしろ、すべてのものについてその共通なるものを、心は自分だけで自分自身を用いて考査するように私には見えるのです。　（同）

つまり、青年テアイテトスは、助産師ソクラテスのおかげで、新しい見解を分娩したわけである。それで長い問答の最後のところで、テアイテトスは、「少なくとも私は、私が私のうちにもっていただけのものというよりは、それ以上のものまであなたのおかげで口にしてしまいました」と感謝を述べている。感覚的な世界を超えた理性的認識が、テアイテトスのなかで気づかれたわけである。

自明の「答え」が先にあって、問いは後から生み出されている。しかし、先行した答えは実は答えではないことを証すために追い打ちをかける問い。問うとは、ソクラテスにあっては、常識（ドクサ）に揺さぶりをかける一種の「理性の暴力」の行使のように見える。

答えから問いへ

けれども、ひとは、答えのある問いに限って思考するわけではない。いままでは、答えを生み出す生産的思考について見てきたが、ここではもっと広大な思考の領域で、問いのふるまいを見てみよう。

ひとの思考に感心する仕方にも幾通りかあって、問いの発し方に感心する場合、問いから答えを導く解法の面白さや追求の強靭さに驚嘆する場合、あるいは思考の材料そのものの迫力に圧倒される場合、等々さまざまである。

ここでは「問う」ということが思考において持つ意味について考えてみたい。問いはふつう思考の端緒と考えられ、古典レトリックでも「着想《インヴェンチオ》」の分野に位置づけられている。けれども実際の例に当たってみると、問いは思考の始点ではたらくばかりでなく、思考のあらゆる局面で不思議なふるまいをすることがわかる。

まず、問いそのものが思考にもたらすインパクトについて。――思いもかけない問いに出くわしたとき、このひとはいったいどこからこんな問いを思いついたのだろうかと驚きを覚えるような例について、たとえばぼくはこんな例に出くわすと思わず嬉しくなってしまう。

◇◇◇◇◇◇◇◇◇◇◇◇◇◇

「天と地ともろもろのもの」を、神がつくった時、どんな音楽が宇宙にひびきわたったのであろうか？　その音楽は、ハイドンの『天地創造』とダリウス・ミヨーの『世界の創造』と、そのどちらにより似ていたのだろうか？
（吉田秀和『LP300選』）

これは答えを要求しているような問いとは思われない。こんなひとつの問いの思いつきが、ぼくの頭の中に今までになかった美しい思考宇宙を生成してくれる。かりに科学がすべての疑問を解決してくれた後にも、思考の楽しみの余地は残されているという思いをぼくにもたらしてくれ、ニーチェの「ポスト科学」の主張（『悦ばしき知』）がわかる気がしてくるのだ。

実は作家の福永武彦のエッセイ「飛天」にもこれと似た問いがあって、薬師寺東塔の九輪の頂にある水煙に遊ぶ天人たちがどんな「天上の音楽」をかなでていただろうか、と想像の耳を傾けていた（『別れの歌』）。

いずれも、問うというそのことが美しい行為なのだと思われる。

そしてまた、次のような問い。

◇◇◇◇◇◇◇◇◇◇

『老子』のなかに固有名詞が全く見えていないという事実を、我々はどのように理解すべきであろうか。

（福永光司『中国古典選　老子』上）

この問いに以下筆者は答えていくのであるけれども、そしてこの事実は以前から指摘されていたことではあるけれども、ぼくはその解答以上に、この事実を問いに変えること、この発見的な設問の方に魅力を覚える。同じ問いはデカルトの学問的自伝と言える『方法序説』に対しても指摘されている。つまり、自伝でありながら、固有名詞の使用は国名くらいに限られているというのだ。

こうした、見方によってはささいな事実への問いが、老子やデカルトの哲学を知るのにふさわしいやりかたのように思われる。もちろん、別の見方によっては、この事実は、「固有名詞」とはいったいなんだろうか、という巨大な問いを引き起こしかねないことを思うと、とてもささいな事実どころではないのだが。

ところで、問うということはここでは疑問文をつくることではない。問いは言語形式の問題ではないのだ。たとえば「人間の条件」「宇宙の始まり」「コンピューターが社会生活に及ぼす影響」などと言ったとき、これは疑問文ではないけれども、「……とはなんだろうか?」「なぜ……なのか?」「どのように……か?」といった問いになることができた。逆に、疑問文だからといって問いであるとはかぎらない。「わたしはどうしてこうへまなんだろう」という疑問文は、答えを必要としない、ある種の感情の表現としてもつかわれる。答えを必要としないのだから、問いとは言えない。国語学者はこれを感嘆文と呼んだりしている。

ただ、それにしても、感嘆、つまり感動の表現が、言語形式に疑問文を採用するという事実は一考に値する。問いと感動とのあいだに、なにかつながりのあることを予想させるからだ。

子どもがしきりに親に向かって連発する「どうして?」「どうして?」という疑問文は親との接触願望の表明である場合が多い。それにまた、発見や驚きや強意の表現として使われる疑問形式(感嘆文・反語文)のことを考えてみると、問いは必ずしも答えに向かってまっすぐに進んでいくよう動機づけられてはいない、とぼくらは知ることができる。問いは驚きや感動と隣り合っているものらしい。だから、思考は、驚きから始まるとも言われるし、疑問から始まるとも言われるのだ。疑問を解決のほうに持っていく思考法の典型が科学で、これは概念による思考の世界と言っていいだろう。反対に、驚きにとどまってその驚きを表現するのが形象的思考で、これは神話や芸術の世界を支えている。最初にあげた吉田秀和さんのような問いは、実は、感動の誇張化された、あるいは、迂回路をとった表現ということもでき、対象を感嘆・賞賛しているのにほかならない。

世界に向かって問いかけるとき、ぼくらは必ずしも答えを要求して満足するわけではない。考える(think)とは世界に対する感謝(thank)であるのだから。

芸術作品にむかって批評するときの思考とは、すでに作品としてあるもののまえで、さまざまな問いを引き出すことなのではなかろうか。問いから答えを生み出す教育的・問題解決型の問いとは異なる、むしろ、自明の答えから問いを創造すること——「いまだかつて問われなかった」ものを問う値打ちのあるものへともたらすこと（ハイデガー）を、もうひとつの思考の課題としたいのだ。

◇◇◇

無限のなかにおいて、人間とはいったい何なのであろう。（『パンセ』七二）

パスカルのこの問い、「無限と虚無との二つの深淵の中間」にあって考えている、このたよりない葦のような人間とはいったい何なのか。パスカルは宗教的な敬虔さの方へ解答を求めていくのだが、この問いは、西洋でも東洋でもくり返し問われ、いろんな角度から答えが試みられている巨大な謎だ。

誰にも解けない「問い」が世代から世代へと引きつがれていく光景、問いの相続された遺産のことを「思想史」と呼んでもいいような気がぼくにはする。というより、「思想史」などという時間の進展はないのであって、巨大な謎の周りを何千年来、「考える人」たちが、種々の知的装備をこしらえては攻めている光景、と言ったほうがぴったりする。すくなくとも人間が人間を問うということについては、「進化」も「進歩」もありえない。「何も片づいちゃいない」と、しばしば漱石の小説で主人公がはきすてるように言ったように。

第6章

転倒の思考——視点の転換

考えが行き詰まったときは、思い切って順序をひっくり返してみよう。先入観に囚われがちなぼくらの思考に思いがけない視界がひらけるかもしれない。

子どもの頃、逆立ちすると、風景がいつもと違って見えた。誰でもものを逆さまにしたり、ことばを逆さまにしたりして、通常の感覚と違ってくるのを楽しんだことがあるはずだ。そこにはなんとなく「おかしい」感じが伴う。

テレビではそのおかしい感じを利用して、わざとひっくり返るタレントたちのドタバタがまた喜ばれている。

国会議員が詐欺をはたらいた、「国会議員が詐欺をはたらいたのではなく、詐欺師がたまたま国会議員だったのだ」というとやっぱり笑いをさそう。そのむかし、一九六〇年代には「女子大生亡国論」などという議論があって、女子大生が事件をおこすと、「女子大生が水商売をしていたのではなくて、水商売の女がたまたま女子大に来ていたのだ」というコメントがついたりしたこともあった。

ところが、この種の言い回しにはなかなか年季がはいっているらしく、しかも思考法の問題としても、検討する価値がありそうなのである。

ひっくり返しと逆転

この「おかしい」という感じを哲学者のベルクソンが『笑い』という書物にしていて有名だ。

ベルクソンは、事柄を滑稽にする方法と同じものが言葉の系列にもあって、それは、くり返し、ひっくり返し、交叉の三つだとして、それを「命題の滑稽的変形」と呼び、それぞれに考察を加えている。ここでは、転倒を問題にしているので、ひっくり返しの場合をみてみよう。

まず第一に、この三つの法則は滑稽の理論の点から見て、同等の意義をもっているものではないことをいっておこう。三つのうちひ**っ**くり返しがいちばん面白味の少ない方法である。だが、これはいちばん応用のやさしいものには違いない。なぜなら、機智を売物にしているプロは、或る句を聞くが早いか、それを逆さにし、例えば目的語のところに主語を置き、主語のところに目的語を置いて、それでも或る意味が生じはしないかを見てみようとするのが認められるから。多少ともふざけた言葉で或る考えを論駁しようとして、人がこの方法を用いることは稀でない。ラビーシュの或る喜劇の中で、或る人物が階上に住んでいる借家人のために自分の露台《テラス》を汚くされるので、その階上の男に向って《なぜ僕の露台にパイプの吸殻を捨てるんですか》とどなると、借家人の声がすかさずそれに応える、《なぜ僕のパイプの下に君の露台を差し出して置くんですか。》だが、この種の機智についてはあまり言葉を費すまでもない。この種の例なら、いくらでもらくにうんざりするほど枚挙することができよう。（H・ベルクソン『笑い』）

ごらんの通り、ベルクソンではひっくり返しの評価がいちばん低い。簡単にできるからうんざりするほどある、と言っている。どうも、あげられた例もそんなに気の利いたものとも思えない。

ところが、このひっくり返しに高い価値をおく考えもある。数学教育にも尽力した数学者の遠山啓の次のような文章では、ことばの転倒が、思考を進める主役の感がある。「常に逆転せよ」と教えている数学者もいるのだそうだ。ちょっと長い引用だけれど、科学史の大きな曲がり角の説明になっているので、ざっと読んでもらいたい。

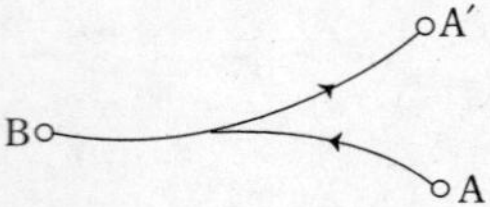

距離から出発し、一度閉集合に到達し、ふたたび閉集合から逆に歩き出して出発点である距離よりも高い地点に登るというわれわれの方法は、鉄道が勾配を登る際に用いられるスイッチバックを思い出させるかもしれない。A点からB点にいたり、今度はB点で反転してAの方向に逆戻りする。しかし、同じAに戻るのではなく、Aより高いA′という地点に達する。

このような推理のスイッチバックは数学者の常套手段であって、通常は「AはBなり」という命題を逆転して「BはAなり」という命題に移るという形式をとることが多い。第二の命題におけるAは名称はもとのAと同じだが、内容ははるかに豊富になっていることが多いわけである。一九世紀において最も有能で最も活動的であった数学者ヤコービ（一八〇四—一八五一）は「常に逆転せよ」と教えているくらいである。

このような論理的なスイッチバックによって得られた位相空間は距離空間もそのなかに含むが、さらにそれ以外の種類の空間も含むことになる。（遠山啓『無限と連続』）

現代科学は古い科学が永劫不変、神聖不可侵のものとして残しておいた諸々の概念をつぎつぎに打ちこわしていったが、ニュートンの絶対空間、絶対時間も決して例外ではありえなかった。われわれの世界観にこのような変革をもたらした相対性理論への道を開いたものこそ、非ユークリッド幾何学にほかならなかったのである。

さて、ユークリッドの平行線公理を否定することによって新しいロバチェフスキー、ボヤイの幾何学が生まれたが、この公理の否定の仕方は一通りではない。すなわち「平行線が一本」というかわりに「平行線が一本もない」という否定もありうる。その変更された公理は他の公理と両立するかどうかは問題であるが、そのような公理をもった幾何学が存在しうることを明らかにしたのはリーマン(一八二六―一八六六)であった。

もしこのリーマンの幾何学を無視すれば、すこし公平を欠くことになると思うので、次にリーマンの幾何学についてのべることにしよう。リーマンの幾何学をクラインの流儀に考えることももちろんできるのであるが、ここでは異なったやり方に従うことにする。ここで、まず一つの球面を考え、それをわれわれの世界としよう。このような世界の最もよいモデルがわれわれの地球であることはいうまでもない。球面上の点を「点」と考えることはいままでどおりである。

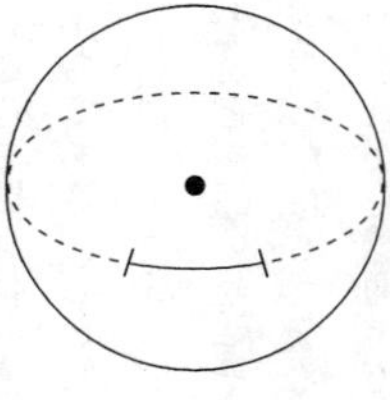

ところで問題は「直線」である。なぜなら、球面上には普通の意味の直線は存在しないからである。しかし、われわれはここでまたスイッチバック的な論法を用いることにしよう。ユークリッド幾何学における直線は二点間の最短距離の線という特性をもっていたことを思い起こそう。ここで命題を逆転して「二点間の最短距離の線を直線という」と定めたらどうなるだろうか。

これなら球面上でも十分考えうるにちがいない。それはいわゆる「大円」と呼ばれているもので、その二点と地球の中心を通る仮想上の平面で地球を切ったときの切口の線にほかならない。もしわれわれが長距離にわたる航海や飛行を行なう場合には、この大円コースをとるのが常識である。　　　　　　　　　　（同）

つまり、球面上で直線の概念を生かすために、定義の逆転をして、「二点間の最短距離の線を直線という」としてしまった。非ユークリッド幾何学の世界が、こんなふうにしてひらけてくる。船も飛行機もこの大円コースを利用しているわけだ。

この逆転には滑稽ということは伴わなかったかも知れない。今度は、「おかしい」けれどもむつかしい例文をあげよう。

物は見えるからあるのか、あるから見えるのか？

ペネトレ：世界のいろいろな物って、あるから見えたりさわれたりするのかな？　それとも、見えたりさわれたりするから、あるってことになるのかな？

ぼく：もちろん、あるから見えたりさわれたりするんだよ。

ペネトレ：でも、あるから見えたりさわれたりするんだってこと自体は、見えたりさわれたりするからこそ言えることなんじゃないかな？　見えもさわれもしなかったら、あるなんてわかるわけないからね。

ぼく：わからないかもしれないけど、でも、わからなくてもあるんじゃない？

ペネトレ：その、わからなくてもあるってこと自体が、わかったあとでしか言えないことだろ？　だから、ほんとうはやっぱり、存在《そんざい》しているってことじゃなくて、見えるってことが、すべての出発点なんだよ。

ぼく：じゃあ、見えもさわれもしなければ、物はないってこと？　そんなのおかしいよ。見えなくても物はあって、それがときによって見えたり見えなかったりするんだよ。

ペネトレ：もちろん、それも正しいよ。だから、答えはやっぱり、物はたんに「見えるから存在する」のでもなければ、たんに「存在するから見える」のでもなくて、「**〈存在するから見える〉というように見える**」ってことになるんじゃないかな？

（永井均『子供のための哲学対話』）

◇ぼく……？？

うーん。子供のためといっても、わかりやすいけれどむつかしい。認識と実在をめぐる根本問題を、こういう転倒した言い回しで説明することには感心してしまった。永井さんは、この転倒的言い回しを哲学的にどう説明されるのかは知らないけれど、この本の中でも、

「泣くから泣き虫なのか、泣き虫だから泣くのか？」

「いまのぼくらのような人間が集まって社会契約をしたのではなくて、社会契約をしたことで、いまのぼくらのような人間ができあがったんだ」（要旨）

など、ことばの転倒を使った説明が目にとまった。

そんな目で、本の世界を見回すと、『生命のかたち／かたちの生命』『ふしぎなことばのことばのふしぎ』『科学のモデルからモデルの科学へ』『起源の小説と小説の起源』などが目にとまった。そういえば、『貧困の哲学』（プルードン）を転倒した『哲学の貧困』（マルクス）というタイトルもあった。どうもこの種の転倒表現と発想は西洋語からやってきたものらしい。言い回しは翻訳語とくらべても、これは翻訳であると意識化されることが少ないけれど、一種の翻訳的表現＝翻訳的思考ではないかという気がする。

応用例

ベルクソンはことばの転倒は簡単すぎてうんざりするといったけれど、つぎのような例はどうだろうか。なかなか簡単ではないし、その言い回しと発想は分かちがたいようで、どちらが先とは言えない。

最初の例は、笑いではなくて泣きの例、永井さんのとちょっと似てる。つまり、悲しいから泣くのか、泣くから悲しいのか？　漱石もよく研究した心理学だ。

常識的には、われわれは財産を失い、悲しみ、そして泣く。熊に出会い、驚き、そして逃げる。相手に軽蔑され、怒り、そして殴る。このように言う。しかしここで擁護しようとする仮説は、この系列の順序は誤りだと言う。すなわちある心的状態が直接に他の心的状態によって喚起されることはない。身体的表出がまず両者の間に介在しなければならない。そしてより合理的な言い方は、われわれは泣くから悲しい、殴るから怒る、震えるから恐ろしい、ということであって、悲しいから泣き、怒るから殴り、恐ろしいから震えるのではないというのである。知覚に次いで起こる身体的変化がなければ、知覚はその形式において純粋に認知的で、生気がなく、色合いもなく、情動的温もりを欠いている。したがってわれわれは熊を見てこれは逃げるのが最良だと判断し、侮辱を受けてこれは殴るのが正当であると思うかも知れないが、実際に恐ろしいとも腹が立つとも感じはしないであろう。

このように大ざっぱに言うと、この仮説は、ほぼ間違いなく即座にそんな馬鹿なことはないと言われてしまう。しかしながら、その矛盾した性質を和らげて、これが真理であることを確信させるためには、多くの考慮も、遠大な考慮も必要ではない。

（ウィリアム・ジェームズ『心理学』下）

◇◇◇◇◇◇◇◇◇◇◇◇◇◇◇◇◇◇◇◇◇◇◇◇◇

告白という形式、あるいは告白という制度が、告白さるべき内面、あるいは「真の自己」なるものを産出するのだ。問題は何をいかにして告白するかではなく、この告白という制度そのものにある。隠すべきことがあって告白するのではない。告白するという義務が、隠すべきことを、あるいは「内面」を作り出すのである。

（柄谷行人『日本近代文学の起源』）

◇◇◇

詩的特性の存在がある種の注意を促すのではなく、ある種の注目が詩的特性を発生させるのだ。

（スタンリー・フィッシュ『このクラスにテクストはありますか』）

われわれはこう教えられてきた。つまり、科学は人類の理性の産んだ偉大な叡智である。もともと科学は実用などとは無関係に、ひたすら物を冷静に見つめることから得られる無垢な知恵だったのである。それをたまたま実生活に応用したのが技術なのであり、その意味では技術も間接的には理性の所産である。人類の理性が産み出したものを、人類が理性によってコントロールできないはずはない。われわれ人類には、この程度のものを理性的にコントロールする力は十分あるはずだ、と。

だが、本当にそうであろうか。

人類の理性が科学を産み出し、その科学が技術を産み出したという、この順序に間違いはないのであろうか。しかし、ギリシアの詩人が不気味だと恐れていたのは、人類の理性の所産である科学技術などではなく、ただの技術である。科学が技術を産んだというのは間違いではないのか。むしろ、技術が異常に肥大してゆく過程で、あるいはその準備段階で科学を必要とし、いわばおのれの手先として科学を産み出したと考えるべきではないだろうか。

そして、その技術にしても、人類がつくり出したというよりも、むしろ技術がはじめて人間を人間たらしめたのではなかろうか。原人類から現生人類への発達過程を考えれば、そうとしか思えない。火を起こし、石器をつくり、衣服をととのえ、食物を保存する技術が、はじめて人間を人間に形成したにちがいないのだ。（木田元「技術の正体」）

農耕は人を土地に結びつけ、人と土地との結びつきをベースに生存の糧と富を作り出す。今では農耕を「農業」と称し、人間の全般的な生産活動の中でもっとも基礎的なものとして、いわゆる「第一次産業」に区分するのが通例だが、それは人間の生存形態が〈生産〉によって特徴づけられ、その〈生産〉活動を人間が合目的的に企てる〈企業〉とみなす、近代の産業主義的観点から捉えなおしてのことである。その意味で「農業」とは、産業化された農耕なのであって、農耕がもともと〈産業〉の一部なのではない。

（西谷修「移動の時代」）

当たり前のように思ってきた「告白」「作品を読むこと」「科学技術」「農業」といったことへの認識が、転倒され、気づかされ、再考を迫られる。転倒表現が認識の転倒をうながしているかのようだ。

転倒の思考は、順序を変えることによって、もともとあったのに、今では気づかなくなっていること、忘れてしまっていること、(従来の説明の順序では)隠されていることを明るみに出す、つまり起源、出生の秘密をあらためて思い知らせてくれる。本当の起源がわかるかと言われればこれはまた転倒につぐ転倒になるかも知れないけれども。

この種の転倒表現の源流を探ることはできないが、たとえば、「神の人格性はそれ自身、人間の人格性が疎外され対象化されたもの以外の何物でもない」と、神の起源を人間に求めたフォイエルバッハのしたことは「唯物論的転倒」と呼ばれている。フォイエルバッハにもことばの転倒が頻出する。

「もし君が無限者を思惟するならば、そのときは君は思惟能力の無限性を思惟し且つ確証しているのである」

「理性の対象とは自己自身にとって対象的な理性であり、……」

「人間に対する神の愛は、神に対する人間の愛の根拠である」

等々(『キリスト教の本質』)。

もうひとり、転倒表現のオンパレードのような哲学者がいる。「存在の故郷」を求めるハイデガーだ。前に示した木田さんの技術に関するエッセイの発想ともつながる哲学者だ。

「数学的な自然研究は、正確な計算がおこなわれるから精密なのではなくて、その対象領域への結びつきが精密さの性格をもっているので、そのように計算されねばならないのです」

「自然科学は、実験によってはじめて研究になるのではなくて、その反対に、自然認識が形を変えて研究となったばあいに、ただそのばあいに初めて実験が可能になるのです」

（以上『世界像の時代』）

ハイデガー自身もこの転倒についてコメントしていて、

「しかし、表現の単なる転倒とはいえ、それはその度ごとに気のゆるせない所為なのです。表現の転倒が提出しようと希っている解法は、問いの中に絡み込まれていて、その解法が問いの表現を転倒したのです」（『有の問いへ』）

問いの表現を転倒させることが問いを解くことになるのは、問いの中に答えが含み込まれているからだ、というわけなのだった。

もちろん、転倒は、ことばの系列だけでなく、いろんな分野にあって、思いがけない、認識の更新をぼくらにもたらしてくれる。

「笑いの肯定的・再生的・創造的意味」を認めていない、とベルクソンを批判したミハイル・バフチンは、ヨーロッパ中世のカーニバルのなかに、転倒のさまざまな形を発見しその意味を引き出しているし、文化人類学の山口昌男さんも道化の「さかしま」の世界を解明している。

　バフチンは、この中世の笑いはルネッサンスにはいると崩壊過程をたどり、十八世紀に終焉し、替わって、ユーモア・アイロニー・皮肉のような「還元された笑いの形式」がうまれた、という（『フランソワ・ラブレーの作品と中世・ルネッサンスの民衆文化』）。

　けれども、このいちばん簡単で面白味のないとベルクソンに言われたひっくり返しの文例が、こんなにも現代に見られ、どこかそれにおかしみをぼくらが感じるとしたら、転倒の笑いも転倒の思考もまだまだ生き残っているのかも知れない。

第7章

人間拡張の思考——メディアと技術の見方

槍は人間の手の延長であり、衣服は皮膚の拡張である。古来からあるこうした素朴な思考を検討し、現代の技術文明を考えるのに有効な概念に変えてみよう。

メディアについて考えてみたい。

人間と世界（モノ・他者）とのあいだを媒介する道具、あるいはより広くテクノロジーを、身体器官の投影とか、人間の拡張として理解する発想を思考実験にかけてみよう。「棒に石のほさきをつけて、ヤリをこしらえたとき、人間はじぶんの手を、それだけ長くした」というイリーンとセガールの『人間の歴史』を子どもの頃読んだひとがいるかもしれない。この発想は、身体の境界変更、つまりは主体の変容にかかわる興味ぶかい問題を提起している。

人間拡張と人間自然相互拡張

衣服が個人の皮膚の拡張で、体温とエネルギーを蓄え伝えるものであるとするなら、住宅は同じ目的を家族あるいは集団のために達成する共同の手段である。住宅は人が身を寄せる場であり、われわれの体温調節機構の拡張——すなわち、共同の皮膚あるいは衣服——である。都市は身体諸器官をさらに拡張したもので、大きな集団の必要を調節する。（マーシャル・マクルーハン『メディア論——人間の拡張の諸相』）

これを後藤和彦・高儀進訳（『人間拡張の原理——メディアの理解』一九六七年）で読んだとき、このExtension（拡張・延長）という思考法の面白さに惹かれて、自分でも身のまわりを見渡して、このアナロジーとも誇張法ともつかない思考実験を続けることになった。ペンは指の延長、するとペン先は爪の延長。箸も指の延長、ハンマーは手の延長、靴は足の皮の延長、帽子は頭皮・頭髪の延長、マスクは鼻毛の延長、眼鏡は目の延長、電話は耳と口の延長、乗り物は足の延長、窓は目の延長、ノートや本は脳のしわの延長……、ところで机は？　手のひらの延長か。道路は？　足の延長かな？　橋は？　狭い川ならまたいで渡るから、橋は脚が長く延びたもの、つまり脚の延長だ、でも道路の延長とも考えられないこともない、……とすると、脚の延長の延長か。……といったぐあいに考えていったわけだ。

そして気づいたことがある。

脳・中枢神経の延長という言い方が、身体の延長とは位相が違うということ。もともと手足は、脳の指令を通して道具に働きかけるのだから、手足はその場合、道具が身体に対してそうであったように、脳の延長である。カントも「手は脳の外在化されたものである」と言っているそうだ。視点としての脳が拡張の中心・出発点にありそうだ。視点は、つまり脳は、なにかの延長ではない。なにやら、人間といって曖昧に(曖昧な全体として)すませておけばよいものを、脳とか手足とか器官とか、バラバラに切り離して論じ始めると、人体なんてものも諸器官がみんな仲よく平等に寄り集まってなりたつものではなく、脳をまもるためには、他は犠牲にされる道具にすぎなくなり、人体は脳中心のエゴイスティックな組織だということがわかる。人間関係で「片腕」というとき、その言葉は、人間関係の距離を否定して、身体の一部となった道具と同じ近しさを意味しようとするのだが、片腕はあくまで脳に対する手足、人間にたいする道具、の位置にあるのであって、主人の都合が悪くなると、最終的には片腕が切捨てられる話は多い。

全て延長物は、どんなに擬人化されていようと、主人のための奴隷である。しかしこの奴隷が、巨大で複雑な環境となったばあいはどうであろうか。たとえば、コンピューターやロボットは、脳まるごと・身体まるごとの拡張物たらんとしている。

この延長・拡張の思考法は、道具的世界を超えて、見えない制度や文化にまでおし拡げられることもある。E・T・ホールの『文化を超えて』にそれは見られるのだが、あとでふれるとして、別の例を見よう。

すでに述べたように、人びとは、一定の土地に（焼畑の場合には実現不可能なほどの長期にわたって）定着し、村落を形成し、水利・灌漑などに協働で取り組むための知恵と知識を生み出したし、さらには、祭司や天文師という職能を誕生させ、そうした職能と密接に結び付く王権をも出現せしめた。つまり、人間は、一方では、手の延長としての犂や鍬をつくり出したが、他方では、社会的な制度を農業から引き出したのである。これは、社会における人間の脳の延長と呼んでもよいような事態を意味していた。今風にいえば、さしずめ、ハードとソフトという言葉がこれに当ろう。

（村上陽一郎『技術とは何か――科学と人間の視点から』）

ところでさきの思考実験をつづけよう。どうも筋骨系の道具は延長の対応がつくりやすいが、脈管系、たとえば壺や、机（の引出し）や、道路は、何の延長なのか対応がつくりにくい。

村上さんもこの思考遊びに耽った人と思われ、ぼくと同じ心配を、いや、なにも心配はいらなくて、ぼくが勝手に、対応がきれいにいかないことを心配しただけなのだが、村上さんは、「容器」は何の延長か、といった問題にたいして、英語の implement（器具）、そのラテン語源の implere（ものを満す）や「花嫁道具」（箪笥、長持ちも指す）の用例を挙げて、「一概にいえないにせよ、容器もまた両手で水をすくう状態の延長とも考えられる」（同）と言っている。

この説明にはちょっと迷いが感じられる。つまり、たとえばハンガーは腕を曲げた状態の延長、でよいとしておこう。椅子は——椅子は切株の延長なんじゃないのか。バットやグローブは手や腕の延長でよいとして、ではボールは？　これも身体の延長なのか。ボールはやっぱり、石ころの延長だとぼくは思うのだ。この式でいくと、バットも棒の延長、住居も巣の延長、巣は穴の延長ということにならないか。

要するに、道具について言えば、人間の延長ばかりではなく、自然物からの延長・転用というのもあるんじゃないか。脈管系の道具というのは、確かに、血管や、気管との、機能上のアナロジーで説明がつけられそうに見えるけれど、もともと道具を使い始めたときから、地面に穴を掘って埋めておくとか、木の枝に吊すとかしたので、道具が全て身体から出発して、身体の延長として作られたわけではない。道具は、人間のこちら側（身体の側）とあちら側（自然・物）の両方の起源をもっている、その両者の合体なのだ、と思えてきたのだ。だから、筋骨系の道具であっても、身体の部位や機能と過不足のない対応はできないはずだと、最近気がつくようになった。

コミュニケーションの道具としてのメディアの場合はどうか。それは完全に人間起源なのではないか、自然界にはもともとなかったものなのだから。——いやこれもやはり、自然物から転用したものとの合体だとぼくは思う。人間の精神に最も近いと言われる言語だって空気の震えを利用・転用している。

このように、人間の延長との対応だけに注目したのでは、はみ出す部分があって、それこそが、メディアの特性に関わりがありそうだ。

メディア論は、このように人間拡張一辺倒でいくと人間中心主義になってしまうのだが、人間と自然との拡張的合体として見ていけば、この延長・拡張の思考法はまだまだ面白い。つまり、主体や身体の拡張による、変容、境界喪失、といったスリリングな問題にぼくらを導いてくれると思うからだ。

拡張と疎外

そこで、人間拡張論の思考法のもっと深い根を探るために遡ることをしてみよう。

昔は体を使って人間が行なっていた、ほとんどのことが、今日ではそのための「拡張活動《エクステンション》」によって行なわれている。武器の進歩は歯とこぶしに始まり、原子爆弾に終る。衣服や住居は、人間の生物学的温度調節機構の拡張である。家具は、地面の上にうずくまったり、座ったりすることのかわりをする。動力工具、眼鏡、テレビジョン、電話、時間・空間を越えて声を運ぶ書物などは、物質的拡張の例である。貨幣は労働を拡張したり、貯えたりする方法である。われわれの輸送網は、かつてはわれわれが足と背とで行なっていたことの拡張としてとり扱うことが可能である。

（E・T・ホール『沈黙のことば――文化・行動・思考』）

マクルーハンは、『メディア論――人間の拡張の諸相』と同年の一九六二年に発表した『グーテンベルクの銀河系』の序文で、ホールのこの文章を引用している。マクルーハンのメディア論でのExtension、すなわち延長・拡張の概念自体は特別な創見ではなく、このホールの考え方の線上にある。

マクルーハンは、電気テクノロジーによる人間拡張は、個人の身体感覚と同様に、開かれた系となって相互作用を行い単一の集団意識を帯びるようになると主張、それまでの道具・テクノロジーは、人間の感覚系統が開かれていたのと違って、相互作用を行わず閉じられた系として集団意識の達成を不可能にしてきたのだが(これが古い言葉でいえば、人間疎外ということ)、いまやこれとまったく異なる事態が生じ(電気テクノロジーの瞬時性のおかげで技術と人間との間の疎外関係は終わりを告げ、全く新しい次元にはいっ)ていることを指摘した。つまり、ホールの人間拡張論に、段階論を持ちこんだわけである。ホールは、生物が、キリンの長い首やトラのサーベル状の牙のようにからだを特殊化させたり、蜘蛛の巣のようにからだを物質的に延長させたりする、適応進化の系列上に、人間の開発行為と文化の成立を見ようとしたのだが、マクルーハンの場合は、電気時代にはいった人間が、テクノロジーの体系のなかに、あらたな生命的統合をはかり始めたことを指摘したのである。

マクルーハンのこの本に接したとき、ぼくは、そこまで理解できず、拡張の思考に強く惹かれた。そのころ、初期マルクスだの疎外論だのが流行っていて、拡張論と疎外論とになにか親近を感じていたのではないかといまになると思うのだが。

確かに、マルクスにも、道具について、延長・拡張の考え方があった。

例えば、「自然は、人間の非有機的身体である」「自然が自然自身と連関している……というのは、人間は自然の一部だからである」（『経済学・哲学草稿』）とか、もっと後になっても次のようなのがある。

労働者が直接的に占有する対象は、（中略）労働対象ではなくて労働手段である。かくして、自然的なものそれ自身が、彼の活動の器官、すなわち、彼がバイブル〔マタイ伝第六章二七節〕の言葉にもかかわらず彼の身体的諸器官に附加して彼の自然の姿を延長する器官となる。　　（マルクス『資本論』）

バイブル・マタイ伝のその箇所というのは、思い悩んだとて人間の寿命は延ばせない（それだから思い悩むのは止めて神意にかなう生活をしなさい）、と言っている箇所のこと。島崎藤村の「この命なにを齷齪《あくせく》／明日をのみ思ひわづらふ」という『千曲川旅情のうた』の発想源にもなった箇所だ。そのバイブルを引き合いに出したマルクスのこの文章は、人間というものは神のおきてにそむいても自己を延長・拡張しようとするものだ、という思想を、技術の場合を通して語っているようでぼくには興味深い。そして、この段落の原注には、ヘーゲル『エンチクロペディー』の「理性の狡智」、目的達成のための媒介的活動のことが引用されている。また、筋骨・脈管両系統の労働手段の二分（これも人間拡張の発想だ）も、ヘーゲルのこの箇所の、「機械的」／「化学的」の二分法からヒントを得たと思われるので、人間拡張の思考は、どうもマルクスやさらに遡ってヘーゲルの時代にはもうおこなわれていたらしい。

マクルーハンの言わんとするところを要約して考えてみると、要するにこういうことだった。

つまり、アルファベット（文字）、印刷機、機械のような、文明化・工業化のシンボルとなったメディアは、人間の活動・感覚・意識の構造を、専門分化し分析的にし線形《リニアー》にしてしまった、これは人間の全体性の喪失であった。ところが、電気メディアは、その瞬時性・同時性によって、人間の拡張の終局に達し、拡張の終わりがきた、こんにち電気メディアによって地球全体が一個の脳神経組織＝「地球村」になり閉じたシステムとなってしまったのだから（「内爆発」）、いまや人間の全体性を回復する（疎外の終わりの）時期にはいったのだ。

この考えは、疎外の批判を通して人間の全体性を回復しようとするサルトルの希望とも呼応するものだった。ちなみに、この時期マクルーハンが参照文献であげたサルトルは、「文学とは何か？」（英訳、一九四九）であるけれども、マクルーハンの理論的ストーリーは、むしろ、実践的惰性態（疎外）と全体化のプランを構想した一九六〇年のサルトルの『弁証法的理性批判』の骨組みと似ている。実際、読み返してみると、マクルーハンは、電気時代にわれわれが持つに至った「社会意識」を説明するところでは、次のようにこの哲学を引き合いに出していたのだった。

実存主義は、範疇の哲学でなく構造の哲学を、個人の独立とか個人の視点とかいったブルジョワ精神の哲学の代わりに全体的で社会的な関与の哲学を、提起する。

（『メディア論——人間の拡張の諸相』）

これを読むと、社会参加（アンガージュマン）を唱える実存主義を電気時代の哲学と見なしていたことがわかる。アメリカでも、パッペンハイムの『近代人の疎外』がキューバ革命のあった一九五九年に、ポール・スウィージーらの編集するマンスリー・レヴュー社から出ており、国際的にも、初期マルクスや疎外論への関心が高まった時期でもある。延長物を通して、人間は人間の本性を知ることができる、とする立場も、疎外論と似ている。マクルーハンの後、人間拡張を、延長物の進化の観点から、文化論にまでひろげたE・T・ホールの場合にも、人間拡張の進化を、疎外と疎外の克服の物語の口調で語っている。

ひとたび人間が、言語や道具、制度といった自己の延長物を発展させはじめるや、人間は、私が延長の転移――extention transference――と名づけたもののワナにがんじがらめになってしまい、その結果、自らを疎外し、かつ自らがつくりだした怪物を制御できなくなってしまったのである。（中略）人間はこの状態から脱出して、自己の再発見を目指すことに、これからの目標をおくべきである。（『文化を超えて』）

マクルーハンのメディア論も、ハード面の創見をもちながらも、理論的枠組みと主張を見ると、拡張とその反転、人間の全体性の喪失とその回復、という、疎外論と同様の人間中心主義のストーリーの枠を出ていなかった。

延長・拡張の思考は面白い。しかし、最初の方で述べたように、本気で、道具・機械・システムをふくむ、人間と世界との間の媒介物としてのメディアのことを考えるなら、人間拡張つまり人間的諸力の外在化・形態変化的労働の面とともに、自然的諸力の転用・自然力の人間への内在化にともなって自然基体の規定性・制約をうけつづけている面を、一緒に考察していく必要があるとぼくは思うのだ。というのも、メディアもまた、もとをただせばあらゆる労働生産物と同様、形態変化的労働と自然基体とが合体したものにほかならないからだ。

拡張と比喩

住居を皮膚の拡張と見なすとき、この「拡張」概念は比喩として感じられる。マクルーハンもこれをメタファーと解している。進化論からのアナロジーとして、皮膚と住居、身体とメディアとのあいだに、翼と手とのあいだに成り立つと同様の、形態論的なホモロジー（機能上のアナロジー）関係を想定する立場である。

だが、実は、この比喩には、現実的な根拠、身体論的な根拠がある。

例えば、道具を使うとき、生きられた身体＝主体的身体の身体空間は、解剖学的身体の境界を超えて、実際に身体空間を拡張するのだ。新しい住居や町に移り住んで、そこに馴染むまでの時間とは、道具を使い慣れ自己の身体の一部のように感じられるまでの時間と同様、身体空間が拡張するのに要した時間だったといってよい。ここでの比喩は、言語表現以前の、原始的な身体感覚であり、今後のメディア論を考えるとき、比喩と同根のこの身体感覚の行方の問題が重要であると思われる。

◇◇◇◇◇◇◇◇◇

たとえば、身体への哲学的考察を始めた、市川浩さんの『精神としての身体』の、〈組み込み〉によって、言語や用具は身体化され、あたかも身体の一部であるかのようにはたらく。

◇◇◇◇◇◇◇◇◇◇◇◇◇◇◇◇◇◇◇◇◇

ちょうどわれわれがせまい戸口をとおりぬけるとき、自分の体の幅をとらえるのと同じような仕方で、ドライバーは自分の車の車幅をとらえる。車がせまい空間をとおりぬけるとき、かれは、あたかも車の身をすぼめるかのように、軽い筋肉の緊張によって、身をすぼめる筋肉の収縮を素描する。

◇◇◇◇◇◇◇◇◇◇

外科医のゾンデや盲人の杖は、その人の行為の媒介物というよりは、むしろ身体のうちに組み込まれ、伸長した指先である。

身体の拡張について、また、身体と道具（メディア）との関係を語ろうとするとあらわれてしまうこの比喩的表現・擬人化表現・メタファー（「あたかも……であるかのように」「はたらく」「ちょうど……のと同じような仕方で」「あたかも……かのように」「素描する」「むしろ……指先である」）。

この組み込みは、身体の習慣的層の拡大でもある。〈組み込まれ〉と〈伸長した〉という双方向の説明をしながら、市川さんはこの双方向性を、理論化する段になると、この〈伸長〉の方を切捨て、〈組み込み〉という一方向の原理で処理しようとするので、結局、身体とメディアとを〈類比〉という、メタファーの範疇に入れてしまうことになった。マクルーハンと同じだ。人間と自然（客体）の双方の側からの相互的拡張・相互浸透の視点＝立場をとるなら、この両義的な場で起きている事態を、レトリックの用語でうまく説明することができる。

つまり、この比喩は、メタファーではなく、メトニミーなのだ。

たとえば、先の運転の例で、ドライバーが肩をすぼめること自体は、なんら物理的有効性をもたない、共感呪術＝メタファーなのだが、これを行為連関としてみたばあい、せまい場所をうまく通りぬけられたのは、この共感呪術が功を奏したからではなく、車幅を（外的な計測によってでなく）内的な身体感覚でとらえた、すなわち、身体（＝肩）空間の延長＝拡張がおこなわれたことによる。身体と車とはこの行為連関においては、メトニミーの関係にあることが決定的である。このメトニミックな関係に習熟すること、身体と車とをメトニミックな比喩的一体性のうちにおくよう身体感覚を訓練することが運転の習得なのであって、肩をすぼめる練習（共感呪術＝メタファー）がいくらうまくなっても、運転はうまくならない。肩をすぼめるのは内的なイメージであってかまわない。すなわち、身体とメディアとの関連において、メタファーは、行為連関を無視した場合に見えてくる、感覚的、あるいは観念的な類似であり、副次的なもの、見せかけにすぎない。とはいえ、このメタファーは不可欠なものだとぼくも思うのだが。イメージ・レッスンは、メタファーが提供するイメージに導かれながら、身体にメトニミックな身振り空間を獲得させていくものだ。

このメタファーとメトニミーとのちがいは、次の佐伯胖《ゆたか》さんの、コンピューターについての二つの考え方の分岐に対応すると思う。つまり、コンピューターを人間の脳の代替物とみなす考え方をメタファー、脳の延長・拡張とみなす考え方をメトニミー、と区別してみると、技術というものへの二つの考え方のちがいがはっきりするだろう。

◇◇◇ コンピュータというものが、私たち人間の脳が記号を操作する機能をモデル化したものだとしても、そこからさき、きわめて重大な解釈の分岐点がある。すなわち、コンピュータを脳の代替物と考えるべきか、それとも脳の延長あるいは拡大と考えるかという点である。

脳の代替物とみなす考え方というのは、コンピュータを人工の頭脳とみなし、理想的には、人間の代わりに「考えて」くれるものとみなす。コンピュータの開発の達成尺度は、どこまで人間の代わりが務められるようになったかにある。どこまで人間と同じように問題を解き、パターンを認識し、音声を理解し、音声を発し、自然言語を理解し、自然言語で対話ができるようになったかが、コンピュータ技術の水準をはかる尺度となるのである。

この考え方において、理想は完全なロボットの実現である。(中略)

それに対して、脳の延長あるいは拡大とする考え方というのは、コンピュータをあくまで人間の脳の活動の補助であり、道具であるとする考え方である。コンピュータが人間を離れて自立的に「考える」ことを目指すのではない。考える主体はあくまで人間であり、コンピュータと対面して使っているユーザー自身である。コンピュータの発達というのは、いかにユーザーがコンピュータを意識しないで、自由にものごとを考え、吟味し、探求できるかにある。

(佐伯胖「脳のモデルとしてのコンピュータ」)

比喩の問題にもう一度もどろう。

ここでの、身体空間の拡張として比喩的に感じられる事柄は、言葉になる手前のという意味で、より根源的な原比喩、あるいは、比喩の生成装置としての身体感覚、とでもいうべきものではないか、とぼくは考えている。

ことのついでに、本というメディアについてもこのやりかたで考えたくなってしまった。読書空間としてのテクスト（「読まれつつあるテクスト」）と身体空間とのあいだにも、非等方性（R・バルト）、非等質性（市川浩）、において類似があるのだけれど、実は、類似というより、共通した原理がある。読書空間も、読者の言葉と書物の言葉との交流・対話であり、主観・客観の中間的領野（あるいは合成物）として、生成されてくるものである。つまり読者の内面的空間の拡張（投影・移入・分身・代理形成、等とも呼ばれる）という点で身体論的体験なのである。しかも読書も身体も対象の側から反作用・制約をうけ、それを組み込むことによって拡張をおこなっているのである。『テクストの快楽』でのR・バルトのエロティックとロマネスクについての考察は身体論とテクスト論とが共有する快楽のしくみを解き明かしている。

第8章

擬人法の思考――どこまでがヒトか

人間以外のものを人間であるかのように見なす思考には警戒が必要だ。だが、人間の境界が曖昧化している先端領域で擬人法の思考は活性化している。

擬人法は、自然現象にも（「台風十九号は勢力を弱めながら九州に上陸、その足取りを……」）、社会現象にも（「ストライキが×万人の乗客の足を奪った」）使われる。

語義通りにとったらずいぶん異様な表現である。台風もストライキも神格は持たないけれども、このような特異な表現の深層には、かつて太陽（アポロン・アマテラス）や時間（クロノス）やわざわい（マガツビノカミ）を擬人化して自然と人事を説明した神話的思考が継承されていることを感じとることができる。

でも、擬人法は古風であるだけのものではなく、現代の最先端の思考にも見え隠れしていることに注目する必要がある。特に日本語の場合、擬人法は明治時代の日本語が西洋語の影響を受けて無生物主語や受け身の表現をするようになったとき共起するようになったという事情もあり、西洋近代の思考と縁が深いのだ。

擬人法は、科学技術の分野でも、使われる。

たとえば、韓国ソウル市の聖水《ソンス》大橋の橋げたが落下した事故について、橋梁工学の専門家が、「交通量の増加で、連結部の金属疲労が予想以上に進んでいたのかもしれない」と説明したりする。また、物理学の世界では、素粒子の「ふるまい」を議論している。

このような擬人法を使うことで、思考の対象が生き生きととらえられるようになるとすれば、擬人法は表現のレベルからさらに思考のレベルにもかかわってくる。思考の対象を措定するところで擬人法は相当な役割をはたしているようだ、というのがぼくの予想だ。だから、ここでは、思考法の問題として擬人法を扱うことにしよう。

擬人主義の思考

擬人法を思考法の問題としてとりこむ際に、警戒しなければならないことがある。次のような場合だ。

◇切られたミミズが、ピンピンはねているところを見ると、いかにも痛そうだ。痛くてたまらぬから、はねまわっているのにちがいない、と思えるかも知れない。しかしよく見ると、はねまわっているのは、尻尾の方の半分で、頭のついた方の半分は、なにもはねまわってはいない。そこで人間が、かりに足を一本切られた場合を考えてみる。痛がるのは、切られた足でなくて、頭のついている方が痛がるのだ。ミミズがほんとうに痛がっているのなら、尻尾の半分でなくて、頭のついた半分が、はねまわらねばならないであろう。しかるに尻尾の半分がはねまわるのだから、これは痛いためでなく、なにか他の原因によるものであろう、と判断する（後略）。（今西錦司『人間以前の社会』）

実はこの原因は、切り口からの刺激がつねに後方により速く伝わるようになっているからなのだそうだが、このような擬人主義は当然ながら「誤った類推」として生物学からは追放された。これを「古典的な擬人主義」と呼んでおこう。

こうした古典的な擬人主義は、見分けにくいけれども、社会哲学の分野にも忍び込んでいる。「戦争」を野蛮な行為と考えるとき、獣類の争いが擬人主義の思考で解釈されている。たとえば、『リヴァイアサン』（トマス・ホッブズ、一六五一）では、「社会状態のそとには、つねに各人対各人の戦争が存在する」と、社会（契約）をもたない動物状態に「戦争」という人間的現象を持ち込んでいる。かれは動物の争いに、戦争との類似を見たのだろう。ところが、戦争は政治の、つまりは契約の延長としての高度に社会的な行為であって、動物の場合とは似て非なるものである。それで、ホッブズは契約観念のない未開社会に戦争が存在する例をあげよと自問して困惑してしまった。社会的なものについての解釈が他の生物の現象の解釈に類推・転用される場合、悪とか罪とか、社会にとって都合の悪い、排除したいものを、とくに、人間ならざるものとして下方排除する傾向がある。これは「擬獣法」とでも呼べる表現をとるのだが、実は擬人主義の思考のヴァリアントにすぎない。人間にとって都合の悪い人間的現象を獣類にも劣ると押しつけられるのだから、獣類にとっては迷惑（あ、これも擬人法だ！）なはなしだ。

反対に、昆虫を上方排除した擬人法の美しい文章がある。

フランス大革命の直前、アメリカ独立革命の時代に、ヨーロッパの農村に未知の生物が出現した。それはアメリカのじゃがいもに付着して幼虫のまま渡来した大きなどくろ蛾で、夜なかに蜜蜂の巣箱に侵入し、蜜を奪った。

人間たちが障壁を作って蜜蜂を保護しようとすれば、蜜蜂の活動をも妨げてしまう。この難問は、蜜蜂自身が解決した。

蜜蜂は、方々の巣箱で、防禦や築城のさまざまな方法を考案し、試用していた。ある者らは、せまい窓をもった蠟の壁をきずいて、太った敵が通れないようにした。またある者らは、もっと巧妙な発明をした。彼らはどこも閉鎖することはせずに、入口にいくつものアーチを組み合わせたのである。つまり、小さな障子を幾重にも立てならべた。しかし、たがいちがいに、すなわち第一のアーチの空いている次には、第二のアーチが立ちふさがっていた。こうして多数の口が、性急な蜜蜂たちのために作られ、かれらはただ少しジグザグに進むということ以外には、別に障碍もなく、普通に出入することができたのである。だがそれは、大柄の太った敵にとっては閉鎖、しかも絶対的な閉鎖であった。敵は翅をひろげたままで侵入することは不可能となり、もみくちゃにならなければこのせまい廻廊にもぐることはできなくなったのである。
　これは、単に蜜蜂から盗奪した者どもに対してばかりでなく、さらに蜜蜂の知性を否定した人たちに対して、蜜蜂によって実行された動物のクーデタ、昆虫の革命であった。

（ジュール・ミシュレ「建築家としての蜜蜂――都市」）

「民衆史」の創始者とされる歴史家ジュール・ミシュレの昆虫を見る目は、モノ（歴史）を書かない民衆や魔女を見る目と同じである。この蜜蜂の築城はミシュレにとって、フランス革命の一環と見なされている。彼は蟻や蜂たちの社会に「母性」「自由」「友愛」の精神を見出している。人間以外で、「都市」という連帯的な社会をつくる高等な目標を達成した唯一の生物が昆虫だ、というのである。

人間ならざるものにまで人間的性質を認めてしまう、このようなあからさまな擬人化的類推もレトリックや文学では比喩の一種として発見的な価値ある思考であるのだが、もちろん、文学の領域でも、かつてヌーヴォー・ロマンの旗手とされたロブ゠グリエのように、擬人法を「ヒューマニズムの汚染」として追放し、即物的・機械的な描写を試みる作家もいた。つまり、擬人法にたいしてどんな態度をとるかは、人間主義・人間中心主義にたいしてどんな態度をとるかという、思想上の問題でもあるのだ。

ところで、動物学はこのような類推の誤りを恐れるあまり擬人主義を追放した。その結果、擬人主義の混入する余地の少ない下級動物の研究は盛んになったが、トリやケモノのような高級動物の研究はすすまなくなってしまった。それで、トリ・ケモノの生態を研究する際には、擬人法の思考をある程度までは認めねばならなくなった。

たとえば、ニワトリやサルの一群に、「順位制」「テリトリー制」「リーダー制」などを発見して、それを「社会」と呼ぶというのがそれだ。これらは命名からして、擬人法的表現である。人間社会のもつ性質をこれら動物にもあるのだと認めたからこそ、擬人主義の思考を採用しているわけだ。だから、この種の擬人法は、分散して暮らす下級生物には、人間社会に似たところがないので、「社会」がない、とすることになる。ということは、そこで使われる「社会」とは結局、人間社会を基準にした、人間中心主義的な概念、要するに人間社会の比喩にすぎないものなのだ。

進化論と擬人法

今西錦司はこのような、「人間のにおいのする社会観」を離れて、独自の、生物主義的な「社会」観を展開した。ところが、そこにもまた、擬人法的な表現が頻出するのだ。これはどういうことか、それを検討することは、擬人法がどのような思考と根底で接触しているかを知ることにつながる。

植物には眼がないゆえに、われわれのように眼によって、隣りに生えた木が自分と同種類のものかどうかを見別けることはないであろう。しかし植物だって同種類のものと異種類のものとは見別けているのである。それは植物にあってもその受粉作用が原則としては同種類間にのみ行なわれているということから考えられるのであって、花粉には眼がないけれども、花粉は同種類の花の柱頭に達したことをなんらかの方法によって感知するのでなければ、このような受粉作用したがって繁殖の機構は達成されないであろう。動物だって受精作用はやはりこのようなものでなければならぬ。精子にも卵にももちろん眼などはないのである。それを卵から出す刺戟物質、いわゆるホルモンのようなものに誘引せられて精子が卵の方へ行動すると説明されているが、結果的に見ればそれは精子が卵の存在を認めたことにほかならない。（今西錦司『生物の世界』）

ここには、生物を「環境の延長」とみなすと同時に環境を「生物の延長」とも見なす、そして環境と生物との起源的同一性を想定する、独特の生物の生活形態学の思考があって、そこから、この擬人法の表現が出てきているわけだ。つまり、こういう思考だ。

生物はけっして環境に支配され、環境の規定するままに一切の自由を失ったものとはいえないのである。むしろ生物の立場にたっていえば、絶えず環境に働きかけ、環境をみずからの支配下におこうとして努力しているものが生物なのである。（同）

進化論に、擬人法がつきものである点は今西も自覚していた。動物愛護運動も動物園もそこから出てきた。つまりそれらはヒューマニズムの教育であり、ヒューマニズムの劇場である。では、「人間のにおいのする社会観」から離れたはずの今西学に擬人法が多いのはどういうわけか。

実は、ボーダー上にある擬人法を集めながら気づいたのだが、目的論〈……のため〉という言い方が擬人法だ）とそれと微妙に近接する機能論〈はたらき〉〈役割〉〈職能〉等、の語もやはり擬人法だ）の思考は、人間の合目的的行為をモデルにして説明するため、擬人法が入り込みやすいのだ。

例えば、テイヤール＝ド＝シャルダンの宇宙進化論（神の意志）、宇宙意思論は、擬人法という神話的でアルカイックな思考をつかっている。また、梯明秀や武谷三男ら、定方向進化（物質の哲学的概念）の延長上で弁証法を考える哲学者や科学者が、物質や生命体に原初的な合目的性を見るとき、物質や生命体は擬人化されてとらえられている。宇宙を語る文章にも、まるで星の「誕生」から「死滅」までを人間の生涯を描くように説明しているものがある。

◇◇◇◇◇◇◇◇◇◇

「宇宙が人間を包含しうるためには、不可逆的に人格化しつづけている宇宙というものを考えるほかないだろう。（テイヤール＝ド＝シャルダン『現象としての人間』）

先に見た「金属疲労」とは、機能（の低下）にかんする擬人法であったし、台風の動きも、その運動を人間の動作という擬人法の言葉に翻訳してとらえることになった。素粒子の世界で「ふるまい」というような擬人法の語をつかうのも同様の、機能とのつながりだ。今西の生物学に、「社会」「主体性」「創造」等の語が、比喩としてではなく使われるのは、そのせいで、種の定方向進化という目的論的な思考が根底にあるためである。「一々の生物も、生物のつくる社会も、この自己完結性を通してつねにこの世界の理念——この世界の自己完結性——といったものに触れていなければならない」という『生物の世界』の終章のことばは、生物の世界を自己の人格的完成へ向かって努力向上するビルドゥングス・ロマンとして表象している、といってよい。もちろん、比喩としての擬人法もふんだんに使われ、それらは修辞上は冒頭であげた擬人法と変わるところはないのだが、それら擬人法をささえているのは、このような目的論的な思考だったのだ。

ボーダーレス時代の擬人法

ここまでは、なんと言っても、擬人法は、ヒューマニズムの感傷的部分、人間中心主義、人間拡張、今西の独特な擬人法の場合は種の目的論等々の思考にささえられていた。ところが、最近、「人間」概念が拡散・解体していく方向でも擬人法が現れるようになった。すでに見たように、人間以前の生物でもこれだけ問題が多かったのに、まして人間の一部となると、人と人ならざるもの、有情物と無情物との、けじめ、擬人法のルールは、さらにあいまいになるのは予想できる。

骨髄中には、あらゆる造血細胞、あらゆる免疫細胞に分化し得る原始的な細胞「造血幹細胞」という細胞がいる。（多田富雄『免疫の意味論』）

この「いる」という表現は、擬人法である。しかしこの免疫細胞のふるまいが、つぎのように描写されると、擬人法のステータスがなにやら危うくなる。

Ｔ細胞と呼ばれる免疫細胞は、自分と異なったＨＬＡ抗原を持っている細胞を発見すると、さまざまな手段を用いて攻撃する。直接に取り付いて破壊する場合もあれば、生物学的な活性物質、リンフォカインやインターロイキンと呼ばれている分子を分泌して他の細胞を動員して、自己以外の細胞を排除する場合もある。多種類の細胞や分子が協同して行なう大がかりな排除作戦である。その結果、移植された臓器の細胞は破壊され、組織は構築を失い、臓器は機能を剝脱され拒絶されてしまう。　（同）

脳ではなく免疫細胞が〈自己〉と〈非自己〉とを区別する、つまり人間のアイデンティティを決定する中心にいるのだから、ここでふんだんに使われた擬人法とはいったい何なのだろう。人間の定義がファジー化し、人間の自己の境界がボーダーレス化してくると、擬人法という言い方じたい色あせてくるようにみえる。「擬人法」という名称じたい、人と人ならざるものとの区別が確固として信ぜられている前提のうえに成り立っていたのであるから。

しかし、実は、このように、曖昧化し争点化している人間定義の境界上では、擬人法は、表現として、非常に活性化しており、発想・思考の上で、創造的な役割を果たすようになっている。モデルとなるべき人間定義を解体・曖昧化する方向ではたらく擬人法、この擬人法のセンセーショナルな出発点には、もちろん、ドーキンスのやはり擬人法の思考、「DNAの陰謀」説がある。また例えば、コンピューター・ウィルスの記述（「大量感染」「汎用ワクチン作成」）、『カッコウはコンピュータに卵を産む』でハッカーの犯罪（実は操作の内部での出来事）をあたかも人格的行動であるかのように描写する場面等々――人と人ならざるもの、人とその延長物とのあいだ、をめぐる探求に、かえって擬人法的思考が採用されるのは不思議のようで、不思議ではない。

一〇日後に、ハッカーはまた現れた。交換室へ行くと、アニストンに侵入を試みているところだった。

チャックはハントの名義を抹消したが、システム管理者の名義〈ビン〉のパスワードは変更していなかった。

〝ウェルカム〟以下のメッセージは、誰かに見とがめられたことをハッカーに伝えている。ハッカーはただちにアニストンのシステムをあちこち探り、七月三日に作成されたファイルを見つけ出した。ハッカーはGNU-Emacsのファイルを調べたが、これはすでに削除されていた。ハッカーにスーパーユーザーの特権を与えたファイルである。ファイルはディレクトリ/usr/lib、つまり、誰でも書きこみができる領域に隠されていた。ハッカーがつけたファイル名は〈.d〉——LBLのシステムにファイルを隠すときと同じである。

しかし、ハッカーはこのプログラムを実行せず、アニストンのシステムからログオフして姿を消した。（クリフォード・ストール『カッコウはコンピュータに卵を産む』上）

もともと擬人法は、見えないもの（宇宙や素粒子のような極大・極小の世界や、「神」「目的」など超越的な観念、ここではふれられなかったが心理のように見えない世界）を思考の対象にするときに、見えるもの（最も身近な人間をモデルとして）に変える、という比喩のしかけを利用する方法だった。人間の定義を解体し、あらたな定義、あらたな探求をするときに、思考の対象を措定し描写する仕方は、すでにこわれた人間をモデルにした擬人法をつかっておこなうしかない、という、いくぶんパラドクシカルだが、単純な事実によっているのだ。

擬人法は、古典的なヒューマニズムからは遠いところで、なお思考の道具たりえている。

第9章

特異点の思考——誇張法の系統樹

ある仮説を極限まで押し進めたとき、いったい何が起こるのか。常識に安住する思考に揺さぶりをかける、最も強靭で破壊力のある思考がここにある。

誇張法というのは表現の問題だが、そこには思考の方法にかかわるいろいろな問題が隠れている。たとえば、「人間的な、あまりに人間的な」(ニーチェ)というとき、「人間的な」グレードをどんどん上げていって、ついには「あまりに人間的な」ところ、つまり過度に人間的なところまでいったらどうなるか。おそらく、「人間的な」限界・けじめを否定し超えてしまうところ(「超人」)に行きつくことになるだろう。——誇張法の思考はたいていこのようなパターン(の一部または全部)をつかうのだが、このパターンが単純で普遍的なだけに、その属している領域はおそろしく広い。仮定や予測の思考、物語の構成、グロテスク、シミュレーション技術、競争・エスカレーションの現象、などの領域では、誇張法は思考の推進役としてはたらいている、といってよい。それで、誇張法の系統樹とでもいうものをつくってみたいという夢がぼくにはある。「誇張された」「仮定の」話は現実主義者にはバカにされるけれど、「現実」とは何なのかがあいまいになってくると、むしろ、この誇張と仮定の思考が、現実をより確かに見えるものにしてくれたり、現実には見えないものを見えるようにしてくれることがあるのである。そこでここでは、誇張の思考の系統樹の一端を検討してみることにする。

背理の思考

仮定ということでまず普通におこなわれているのは、実際とは反対の状況を仮定することだろう。

◇◇◇◇◇◇◇◇◇◇

クレオパトラの鼻。それがもっと短かったなら、大地の全表面は変わっていただろう。

（パスカル『パンセ』一六二）

というたぐいの仮定の思考は、ごく自然におこなわれている。もちろん「もっと」は、さきほどの「あまりに」と同様、連続的なグレード変化が非連続な点に遭遇する、その点を示すことばである。そしてこの思考が、西洋ではひとつの思考技術、つまり「背理法」という証明技術にまで洗練されて発達した。

ところでこの、否定的な仮定をして、その受け入れがたい帰結を示すことによって、それとは反対の命題を肯定・承認するよう迫るこの背理法という思考法は、誇張法の論法・レトリックである「反語」の表現と縁がふかく、あとで見るような微妙な問題を引きおこすことにもなる。つまり、仮定ということと誇張（脅しも誇張法なのだ）ということとは、関係なさそうで実は大いに密接している、どちらもオーバーに想像力をふくらませていく点が共通しているのだ。たとえば、次のような反語文や疑問文のなかにも、誇張された仮定が引きおこす受け入れがたい混乱、という背理の思考のストーリーを見つけだすことができるはずだ。括弧内を参考にしてほしい。

「ぼくがそんなばかなことをすると思うか？」（「きみはそんなばかな人間じゃないから、そんなばかなことはしないと思うよ」）

「みなが一斉に出口に殺到したらどうなるか？」（「多数のけが人がでて、二次災害が起きるだろう。だから、あわてて殺到しないで、その場で周囲の状況を把握するようにしよう」）

もちろん、背理法と言えば、アリストテレスの矛盾律（「真かつ偽である命題は存在しない」）や排中律（「すべての命題は真か偽である」）で形式的・方法的な基礎が与えられ、ユークリッド幾何学によって成熟したギリシャ数学の背理法的思考こそが、みごとな様式化をなしとげた、背理の思考のいわば出世した姿である、と言える。幾何学で習ったあれだ。

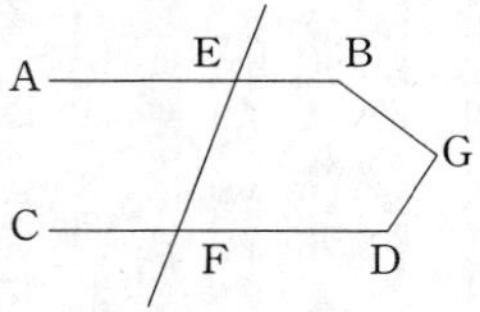

命題二七　もし一直線が二直線に交わってなす錯角が互いに等しければ、この二直線は互いに平行であろう。

直線EFが、二直線AB、CDに交わり、錯角AEF、EFDを互いに等しくするとせよ。AB∥CDであると主張する。

もし平行でなければ、AB、CDは延長されて、B、D、またはA、Cの側で交わるであろう。延長され、B、Dの側でGにおいて交わるとせよ。そうすれば、三角形GEFにおいて外角AEFが内対角EFGに等しい。これは不可能である。それゆえ、AB、CDは延長されてB、Dの側で交わることはないであろう。同様にして、A、Cの側でも交わらないことが証明され得る。そして、どちらの側でも交わらない二直線は平行である。したがって、AB∥CDである。

（エウクレイデス『原論』第一巻）

この背理法は、「ある主張Aを証明するのに、Aでないという前提からは矛盾が生ずることを示して行う証明法。▽もと「帰謬（きびゅう）法」と言った」（岩波国語辞典）などと説明されるが、これは、論理学の範囲に閉じこめようとしすぎる定義だ。実は、背理の思考のふるまいは、そんなおとなしい、行儀の良いものではなく、平気で論理の範囲をふみ出て、「反語」と呼ばれる現象や、脅し文句・脅迫・ゆすりたかり（「ここでおれがひとこと世間にばらしたらどうなるか、わかってんだろうな？」）の効果をになう、日常会話にありふれた、恐怖のレトリックにも属するのだ。

背理法は、パフォーマンスたっぷりの、多分に演劇的な、対話的思考法である。だから、問いかけ（疑問文）の文型をとる。対話的場面を想定する論理は、どうしても、論理の枠をはみ出て、レトリック（言葉の劇場）の性質を帯電してしまう。相手が自己矛盾に陥って困惑し、こちらの用意した答えに承服するところまでを目的としている。

背理法のもつ対話的で破壊的な性格については、その起源を知ると納得できる。背理法（帰謬法）は、ソクラテス前の哲学者、エレア派のゼノンから始まると言われる。「俊足のアキレウスが亀に追いつけない」「飛んでいる矢は飛べない」というパラドクスで有名なゼノンだ。有名とは言ってもその資料の乏しいことの嘆かれる哲学者だが、田中美知太郎が、『ソフィスト』のなかで、背理の思考の背景を生き生きと説明してくれている。

それによれば、エレア派の背理の思考は、エリスティケーと呼ばれる問答競技のなかで発展していったものだという。「互いに同意し合う前提から出発して、答え手に否応の返答の自由を許しつつ、パラドクスの結論へ陥れる問答ごっこ」で、相手が降参すると聴衆は拍手喝采するわけである。この方法が、プラトンやアリストテレスに引き継がれたのだ。だから、この問答形式だけから見れば、ソクラテスの問答法も、相手を矛盾に陥れて、無知の告白を余儀なくさせるものなのだから、エリスティケーと変わらない。『ソクラテスの弁明』での、自分に「死」を強要する者たちに対して、彼らを自己矛盾に追いつめていくソクラテスの論法には鬼気迫るものがあったが、その背理の思考が、一方向の演説（雄弁術）の方からでなく、この双方向の対話（問答法）から来ているとすればうなずける。

しかし、その後、西洋において発展をとげていく背理つまりパラドクスの思考のもつこの迫力について、次にいささか異見も述べたい。

背理と命令

背理の思考は、数学の世界ばかりでなく、社会の構想においても、大きな役目を果たした。たとえばこの思考は有名だ。人々が法律もない全く自然な状態で生きていると仮定すると、どういうことになるだろう？（→自分の命を守るために各人の各人に対する戦争がおきる。だから、自然にまかせないで、理性と権力、そして「社会契約」が必要なのだ）

そう、これ、トマス・ホッブズの『リヴァイアサン』だ。ホッブズは、はじめ社会のない自然状態を肯定的に扱うかにみせて、その自然状態の論理にそって話を進めている。「自然は人びとをその能力において平等に作った」→「この平等から不信が生ずる」→「不信から戦争が生ずる」、とまるでしりとりゲームのように、自然状態はその論理的帰結として戦争状態という背理に行きつかざるを得ないことを「推論」（ホッブズのことば）した。この背理への転換点にくる論理はこうだ。

この能力の平等から、われわれの目標達成についての、希望の平等性が生ずる。そしてそれゆえに、だれかふたりがおなじものごとを意欲し、しかしながら双方がともにそれを享受することは、不可能だとすると、かれらは敵となり、かれらの目標（それは主としてかれら自身の保存 conservation であり、ときにはかれらの歓楽 delectation のみである）にいたる途上で、たがいに相手をほろぼしまたは屈服させようと、努力する。（中略）

この相互の不信 diffidence から自己をまもるには、だれにとっても、先手をうつ《アンティシペイション》ことほど適切な方法はない。（トマス・ホッブズ『リヴァイアサン』）

ひとつの目標物をめぐってあらそう極限的状況を想定してホッブズが論理を進めていることに注目したい。そうすると、理性による社会構成を語る思考が、どこか、先ほどの脅し文句と似てくることにぼくらは気づかざるを得ない。ホッブズの場合も、「死への恐怖」と「快適な生活に必要なものごとへの意欲」が平和の協定へと人びとを向かわせるのだと言っている。――そうなんだ、背理法の思考は、厳密さと冷たさ、こうしないと怪物に食われちまうぞ（だからそうせよ）、という、やはり、脅迫を裏に秘めた、納得を強制する対話なのであって、だから、この思考法が好んで使う疑問文も、その実質は命令文なのだ。このように、論理的（ということは強制的・脅迫的、ということでもあるのだが）な思考法に裏付けられて近代の社会観はつくりあげられてきたのだといってもいい。理性だとか論理だとかいうものはこのように、死にたくなかったら（こうせよ）、自由でいたかったら（こうせよ）というように、かなり脅迫的・暴力的な要素を隠し持っていることに気づけば、この背理の思考の西欧的形態の極限を知ったことになる。

ルソーの教育書『エミール』は、「理性を教えるのに理性をもってする」教育の背理を突きながら、その教育的な理性がいかに子どもをそこなうかを告発していた。

そうなると、現在を不確かな未来のために犠牲にし、子供にあらゆる種類の枷《かせ》をはめ、彼がけっして享受することはあるまいと思われる、何だかわけのわからない幸福と称するものを遠い将来に用意するために、まず子供をみじめにすることから始める、あの野蛮な教育を、どう考えたらよいというのか。たとえその教育が、目的においては合理的なものだとしても、不幸な子供たちが重い軛《くびき》を負って、徒刑囚のようにたえざる苦役に従事させられ、しかもそれほどの配慮がいつかは彼らの役に立つという保証もないのを見て、どうして憤慨せずにいられよう。はしゃぎ盛りの年ごろが、涙と罰とおどかしと屈従のうちに過ぎてゆく。かわいそうな子供を、おまえのためなのだといって痛めつける。そして、人は、自分の招き寄せている死が、このような悲しい道具立ての真ん中で、子供に襲いかかろうとしているのを見ないのだ。どれだけの子供が、父親や教師の、途方もない知恵の犠牲となって死んでゆくことか。その残酷な仕打ちからのがれるのを幸福に思いながら、子供たちが自分のなめさせられた苦しみから引き出す唯一の利益は、そのつらさだけしか知ることのなかった人生を、惜しいとも思わずに死んでゆけることだ。（J＝J・ルソー『エミール』）

「未来のため」「幸福な将来のため」「おまえのため」……等々、教育の場面では、現代とまるで変わらぬ理性の言葉が使われていたことを知って、胸痛む思いもする。

ところで、背理の論法にぼくがなぜこんなにこだわるかというと、

「年をとって生活に困らないためには、若いうちに働いて倹約せねばならない」（カント『実践理性批判』）

というカントの、「幸福の命法」とも呼ばれる条件つき命令（「仮言命法」）と背理の論法とが、裏腹の関係にあると思えるからだ。この条件つき命令「もしPしたければQせよ」は、条件つき判断（仮言命題）「もしQでないならばPでない」を基礎においている。すなわち、「若いうちに働いて倹約しないと、老いて困窮することになる（ぞ）」という命題だ。これは背理の論法にほかならない。この背理の論法が問答の場面で使われると、実践理性をもってする脅し文句になる。将来の幸福を願う者は、この命題の正しさを認める以上、問答

に敗れて、指導者に屈従せざるをえない。

条件つき命令に従うかどうかは、条件なしの絶対命令（「定言命法」）とちがって、当事者の自主的な意志にまかされている、とカントは言っている。しかし、右のような論理のしくみと場面のもとではこの幸福の命法がもつ強制力は絶大であろう。論理のもつ力が実践倫理の場面に持ちこまれる、これは一例だ。このとき論理は、レトリックのかたちをとって、強い心理的な効果を相手に与えるものに変わる。

ぼくらの身のまわりにも、未来の幸福（目的）のために、現在の苦痛をしのび努力せよ（手段）、とする命令文は満ちみちている。その背後には、もしそうしなかったらこんなマイナスの結果をもたらすのだという背理法の論理がつねにひかえている。

条件つき命令は、もちろん功利的である。だから近代社会のあらゆる場面に遍在する思考となったのだと思われるから、ぼくはこれに注目したいのだが、カントはこれを深く追求していない。万人が無条件に従うべき定言命法を重視したカントには、この功利的な仮言命法は卑しいものと感じられていたのだろうか。カントについても背理法についてもぼくはしろうとにすぎない。けれども、条件つき命令（仮言命法）と背理法の論法との密接な関連は、倫理と論理とのインターフェースの問題として、重要と考える。こういう研究をしている人はいないのだろうか。

カタストロフ（特異点）の思考

背理の思考には、初めから答えがわかっているのに、わざと疑問文をつかって、相手との間に問答の関係を作り出そうという魂胆がみえていた。だからもちろんこの思考法は、洗練されれば証明の方法として有効で、バランスをくずすふりをして、結局は論者が用意した答えに導いた。——つまり、安定した、説得的な思考法なのだが、それにたいして、おなじように極端な想定・仮定から出発して、思いがけない異世界にトリップしてしまう思考法もある。カタストロフの思考とか、臨界点の思考とか呼ばれる思考法だ。

身近なところでこんなエッセイがあった。

> 場所を選ばず「しゃがむ」若者が増えている。飲料販売機の前、電車内、書店——。尻（しり）を軸に背中を三〇度ほど前にかしげ、尻の下に足首がちょこんとのぞく。オーバーコートをはおると羽を休める鳥みたいだ。（中略）
>
> 若者たちが、やがて中高年の疲労を身にためた時、あのスタイルは、もはや切実な欲となり身につくはずだ。彼らの二世は親を倣って育つ。かくて、半世紀もたつと用がな

ければしゃがむ、のが普通となりそうだ。

通勤電車を待つホームでは、「三列にしゃがんでお待ちください」とアナウンス。恋人を待つハチ公前は、鳥スタイルの男女が、背丈半分の低さで群れる。似た格好でハトも群れる。

脚を折りたたんでいる時間が多くなり、立つのもおっくうで、しゃがんだままトットと短い距離は歩いたり、あるいは、そのままぐいっと伸ばす手の役割は増したりで、脚は退化し手は進化してブランと長くなって、鳥というよりは、類人猿に戻っていくのかもしれぬ。すると、人は西暦二〇〇〇年を限度に先祖回帰を始めるのであろうか。

（暢「しゃがむ」）

現状を誇張して未来に延長していくと、脚の退化した異様な風景が見えてくる。これは、やはり一種の誇張法で、この思考法は皮肉や諷刺に使える。

古典的用法

現代人だけがこういう思考をしているわけではない。

『徒然草』の最終章にほほえましい思い出話が載っている。八歳の兼好が、仏とはどんなものかと父親にたずねる場面だ。

八つになりし年、父に問うていはく、「仏はいかなるものにか候ふらん。」といふ。父がいはく、「仏には人のなりたるなり。」と。また問ふ、「人は何として仏にはなり候ふやらん。」と。父また、「仏の教へによりてなるなり。」と答ふ。また問ふ、「教へ候ひける仏をば、何が教へ候ひける。」と。また答ふ、「それもまた、さきの仏の教へによりてなりたまふなり。」と。また問ふ、「その教へはじめ候ひける第一の仏は、いかなる仏にか候ひける。」といふ時、父、「空よりや降りけん、土よりや湧きけん。」と言ひて笑ふ。「問ひつめられて、え答へずなりはべりつ。」と、諸人に語りて興じき。

（吉田兼好『徒然草』）

「仏の教えによって仏になるのだ」と答える父に、「その教える仏をだれが教えたのか」と少年兼好が問いつめていって、とうとう父は降参してしまう。『徒然草』がこのエピソードで締めくくられることも興味深いのだけれど、これはどこかで読んだような話だという、既視感がある。それは、明治期『幼学綱要』にもはいって普及した次のようなエピソードだ。朱子学として知られる宋代の儒者・朱熹のやはり子どもの頃の話で、やっぱり父親が出てくる。『幼学綱要』から引いておこう。

> 宋の朱熹。幼にして穎悟。甫《はじ》めて能く言ふ。父松天を指し之に示して曰く。天なり。熹問て曰く。天の上は何物ぞ。松之を異とす。（元田永孚『幼学綱要』勤学第六）

言葉を覚えはじめた頃、あれが天だと父が教えると、天の上にはなにがあるのかと幼い朱熹がたずねたというものだ。この「天」を「仏」に替えると兼好のエピソードに似てくる。

兼好の話も朱熹の話も、幼くして賢いといういわば異能神話の系譜をひくものかもしれないが、ぼくには、思考のパターンに興味がある。つまり、相手の論理にしたがいながら、その論理の限界までいくという点がおもしろい。

ややくだって、日本が西洋の異文化と接触したとき、似た思考パターンを、今度はおとなが使っている。徳川の鎖国時代のこと、屋久島に潜入したイタリア人宣教師シドッチを尋問した記録をまとめた、新井白石の『西洋紀聞』にもこんなくだりがある。神（デウス）が天地をつくったというシドッチの説明を聞いて、白石には兼好と似た疑念がうかんだ。

今西人の説をきくに、番語デウスといふは、此に能造之主といふがごとく、たゞ其天地万物を剏造《ハジメツク》れるものをさしいふ也。天地万物自ら成る事なし。必ずこれを造れるものありといふ説のごとき、もし其説のごとくならむには、デウス、また何もの、造るによりて、天地いまだあらざる時には生れぬらむ。デウス、もしよく自ら生れたらむには、などか天地もまた自ら成らざらむ。

（新井白石『西洋紀聞』）

聖書の天地創造説に対して、西洋人が言うように、デウス、つまり神が世界を造ったのだとしたらその神は誰が造ったのか、と白石が、批判を加えているわけだ。神がおのずから生まれることができたのなら、天地だって自成できないはずがない。

相手の論理を延長していって、相手の論理が成立できないところまでもっていく。そうして、その論理の矛盾をあからさまに提示する。宗教や学問の論争の手法として破壊力のある方法だ。もちろん、これは破壊に力点があるので、では、白石は、天地の創成をどのように説明するのだろうかという疑問の余地は残る。白石の論法で行けば、自成説にいくしかないだろうが、それもまた、始まりの始まりの始まりの……という「始まり」をめぐる悪無限の難問に逢着するだろう。

実は、こうした、相手の論理を適用して、相手の論理の内部に自家撞着を起こさせる思考の典型例を、ぼくらは古く、『韓非子』のなかに知っている。「矛盾」の故事である。

楚の国に盾と矛《ほこ》を売る人がいた。彼は、「この矛はどんなかたい盾でも突き通すことが出来る」「この盾はどんなするどい矛でも突き通すことができない」と自慢した。あるひとが、「そんなら、お前さんの矛でお前さんの盾を突いたらどうなるんだい」とたずねたら答えることができなくなった。（『韓非子』難一篇）

この故事は、たんに論敵をやっつける弁論法としてばかりでなく、一種の思考実験として価値があるとぼくには思える。

思考実験

というのも、話は十六世紀から十七世紀にかけてのヨーロッパの科学史の世界に飛ぶのだが、ガリレオ・ガリレイが、コペルニクスに加担して、旧来のアリストテレス＝プトレマイオス的な宇宙像を打ち破る時にも、この種の思考実験をおこなっているからだ。たとえば、物体の落下に関して、ガリレイは次のように思考を進めた。

アリストテレス以来、同じ高さから物を地面に落としたとき、重い物は軽い物よりも早く着地するということが人々に信じられてきた。これは日常の感覚にも合う。ところがガリレイはこれを疑った。

というのは、もし重い物が速く、軽い物が遅く落下するとすれば、そのふたつを合体して落下させたらどうなるだろう。

（1）合体した物体は合体する前の個々の物体よりも重いから、個々の物体よりも速く落下するはずだ。

（2）しかし、合体した物体の一方は速く落下しようとしても、他方の物体は遅く落下しようとするから、合体した物体は結局中間の速さで落下するしかないだろう。

同じ前提から出発しながら、このふたつの帰結は矛盾している。

（この思考実験の話は、もともとの出所がわからないので、朝永振一郎の『物理学とは何だろうか』を参考にさせてもらった）

ガリレイのこの種の「対話」には、もちろん、先の背理のところでみたエリスティケーの伝統が復活していて、アリストテレス派の論敵を自己矛盾に陥れては読者の喝采を期待している。

しかし、ガリレイは、思考実験によって相手の矛盾を突くだけでなく、実際の実験をおこなって、落下時間が重さに関係しないことを確かめた。数値をあげた実験のくわしい報告が、『天文対話』にも『新科学対話』にものっている。

思考実験を戦争論のなかにみてみよう。

敵の行動を時間的・空間的に誘導して相手の矛盾を増大させ（弱点を誇張させ）、カタストロフ・ポイントに至って一挙に攻撃（壊滅戦）に転ずる、というクラウゼヴィッツの「防御の優越」の戦略法は、論争術と同じしくみである。強大な敵、権威を笠にきた論敵、にたいして、また証明困難な問題にたいして、「諷刺」や「背理法」の形式が選びとられるのは、同一の戦略的思考からきているのである。

このクラウゼヴィッツの「戦争論」を貫く基本的な思考法に注目しておきたい。彼はヘーゲルの『精神現象学』の方法によって書いたという指摘（A・グリュックスマン）もあるけれども、ヘーゲルを知らなくても見つかる思考パターンは、極限への上昇とでもいうべき一種の思考実験の方法だ。段々に度合を強めたり、グレードアップさせたり、誇張の程度を大きくさせていって、ついには極限の姿（極限値）を見る、というやり方である。
ひとつ例をみておこう。

一九　軍事的行動が頻繁に停止されると戦争はその絶対的形態からますます遠ざかって確からしさの計算となる

ところで軍事的行動が緩慢な経過を辿るにつれ、またそれが頻繁に停止されそのうえこの停止期間が長びくにつれて、その間に将帥は敵情判断の誤りをますます速かに改めることができる、そこで彼はこの認識に基づいて我が方に好都合な仮定を立てるに汲々とし、こうして極度を旨とする戦争の本性からますます遠のき、好んで確からしさと推測とを基礎として一切を構想するであろう。それだから具体的な場合というだけですでに現存の事情に基づく確からしさの計算を必要とするのに、そのうえ軍事的行動の経過が長びけば、この計算には更にそれだけ時間的余裕が与えられることになるのである。

（クラウゼヴィッツ『戦争論』）

戦闘の停止期間を長びかせるとどうなるか、という思考実験を行って、ついには、それは「計算」つまりゲームになってしまう、というのだが、これは現代の戦争の一面がまさにそうなっている。そしてまた、これはガリレイが、斜面の傾きをだんだん小さくしていって慣性の法則を証明した、あの思考実験とそっくりである。こうしてクラウゼヴィッツは、力の激突、という（これも極限の一つにすぎない——戦争は戦闘のみで構成されているわけではないから）従来の戦争の観念に、「計算」（政治）の面、と「偶然—運」（博戯）の面とをつけ加えて、三面構造で戦争の本質をとらえるという画期的な視界を切りひらいたのだった。

現代的用法

ばかでかい地球とか、人間を相手にした現象とか、未来に関することなどには、実験という方法は使えないから、思考実験（シミュレーション）が依然メリットをもっている。

この思考実験の現代的用法ともいえる例を見てみよう。

背理法が、西洋的な論理の強制力をもつ構築的な思考だったとすれば、このカタストロフの思考は、西洋文明の論理のほころびや折れ曲がり点（カタストロフ・ポイント）を指摘する破壊的・批判的な思考技法のひとつでもある。

超高層ビルをどんどん高くしていくと最後にはどうなるか。「四〇〇階の高さに達したと仮定すると、ビルの便宜提供を図るにはスペース全体がエレベーターで占められるように設計しなくてはならない」。つまり、エレベーターだらけになって、ビルの役割をなさなくなる、とレオポルド・コールは考える。

超高層ビルが高くなるにつれて、ビルの利便を維持するのに欠かせない（エレベーター、階段などの）〝社会的〟スペースは広がり、他方、個々人の目的に供せられる〝個人的〟スペースは狭くなる。とどのつまりは、都市の一区画の面積のところに四〇〇階建てのビルを建てるとすると、事務所や居室用のスペースはまったくないことになるだろう。建築家が計算しているように、エレベーターによってスペースが奪われないと仮定した場合にこのビルに住み、働くことが可能な数の人間を運ぼうと思えば、ビル全体がエレベーターで占められてしまう。現在の巨大なジャンボ・ジェット機も、もう一つの例になるかもしれない。ジャンボ機は、それぞれの座席が同時にトイレットにもなるように設計しなければ、乗客の収容能力を拡充できないだろう。より大きな収容能力は強い印象を与えるにしても、より高い旅行水準を示すものとはいえまい。

（レオポルド・コール『居酒屋社会の経済学』）

なにやら、バベルの塔はなぜ完成できなかったか、の技術的な説明みたいだが、無限に肥大成長しようとする人間の倨傲を戒める敬虔思想が、この人たちの背景にはある。ジャンボ・ジェット機が大きくなればトイレだらけ、車が増えれば道路だらけ、資本の海外移転が進めば日本に残るのは墓と墓守だけ、……などと、この思考法は、極端な仮定の話にすぎないのに、妙に生々しさがある。肥大化するシステムはついには自己の否定にまで行き着く、というパラドクスをはらんだ寓話がこの思考を支えているからだろう。実際この超高層ビルとジェット機の臨界点の指摘は、「The Overdeveloped Nations——The Diseconomies of Scale」（過剰成長する国家、規模の不経済）という原題にあるとおり、過剰成長する国家の隠された真相をあばくための寓意としてつかわれている。

特異点を思考実験によって確認し、そこから引返す思考もある。危険をあらかじめ察知して別の道を探すわけである。

ある文化がその特色の普遍性を「極度に」強調すると文化拡張主義になり、大国主義になる。しかし、逆にあらゆる文化の多様性を認め、それらのあいだに価値の差を認めない、文化の相対主義の考え方に立っても「決定的な矛盾」がおきる、と山崎正和さんは言う。

通念では、国家や民族の文化をひとつの単位とするのが慣習になっているが、国家は人工的で恣意的なまとまりであるし、民族も学問的にはあいまいな観念にすぎない。国家内部の地方の文化、民族内部の部族の文化、村や町の文化、さらに小さな集落の文化やそれぞれの家族の文化にいたるまで、考えてみれば、そのどれもが「ひとつの文化」と呼ばれる正当な資格をおびている。国家間の文化侵略ということをいうなら、国家による地方文化の侵略を問題にしなければならず、地域共同体による家族文化の併合も責めなければなるまい。そして、このように、文化の自立性を徹底的に純粋化して追究して行けば、結局、究極の単位は個人の癖や生活慣習だということになり、文化の観念そのものが崩壊することになろう。

文化の相対主義は、行きつくところ、文化そのものを相対化する思想であり、文化の観念を否定する思想だといわざるをえない。

文化の観念を認める以上、われわれはどうしても、それが一定の普遍性をめざすまとまりであり、他の文化に影響をあたえ、ときには他と融合して、みずからを拡張する存在であることを認めるほかはない。だが、そのかたわら、われわれはやはり、文化の多

> 元的な特色の正当性を信じるのであり、少なくとも、自己の文化が外から枉げられるのは不愉快だと感じている。しかも、すでに述べたように、この素朴な感情が裏返れば無意識の拡張主義につながり、自己の文化こそ普遍的だという誇りに直結しているのだから、文化論のディレンマは深刻なのである。
>
> （山崎正和『日本文化と個人主義』）

「通念」のもつ「あいまいな」思考に対して、「徹底的に純粋化して追究して行けば、結局、究極の……、崩壊する」「行きつくところ、……否定する……」、というように、山崎さんは思考実験をどこまでも進めて、その極限にくるどんでん返しを見ようとする。こうして、国家（民族）↓地方（部族）↓村・町・集落↓家族↓個人、と文化の単位をどんどん小さくしていくと、結局、文化の観念を否定するところに行きつくことを確認する。

それで、山崎さんは、こうしたディレンマをかかえる文化大国主義や文化相対主義を採らないで別の原理を見出そうとする。それを山崎さんは、文化そのものを作る力としての「個別化の原理」に求める。この原理の起源ははるか遠く、「生命の個体維持の衝動」にさかのぼる。「個体」が自身を目的として生き始めた瞬間に、最初の文化が成立したと考えるのである。

山崎さんの文章には、極限まで進める思考が随所に見られる。たとえば、

「あらゆる民族主義は、みずからを徹底して行けば、やがてその内部に無数の個人の反民族主義を生みだす……」

「極限の個別化が逆に個人を分裂させ、ふたたび集団性へ回帰させる……」（同）

というように。

そして、「近代の個人主義が爛熟の段階に達し」、この「過度の個人主義」が「生きがい」感の喪失という、否定的な状況に立ち至った現在、「柔らかい個人」の実現の方向に進むのがよいという提案で結ばれる。しかも、「柔らかい個人」は、近代的個人主義の「堅い個人」よりも、個別化の程度がさらに「徹底」したものだというのだ。

実はここでは、論旨上大切な「社交」の考察や「堅い個人」「柔らかい個人」の内容にはふれなかったのだが、それは、この文章の思考特徴を浮かびあがらせたかったからだ。すなわち、極限へ進める思考が、「徹底」「極限」「究極」「極度」「過度」……「崩壊」「否定」「爛熟」「喪失」といったカタストロフ語彙のセットとともにおこなわれている点にとくに注目したかったのである。

さて一転、文化から経済の世界に目を向けよう。「システム疲労」とも言うべきこの分野には、昨今至るところに特異点が露呈している。

日本人が世界に比類のない富を生み出す能力を発揮していて、そこそこ真面目に納税もして、それで金融・ゼネコンを筆頭に大型倒産が続き、財政は大赤字で大蔵省は腐敗のどん底というのはどういう訳か。それは一般的な不況のせいではなくて、明治から一〇〇年余り続いてきた発展途上国丸出しのマネーの強制循環システムが立ち行かなくなったというだけの話である。ということは、対策は簡単で、そのシステムの頂点に立つ大蔵省を廃止すればいいのである。

明治期から大正期まで貧しい農業中心の発展途上国だった日本は、税金から予算へ、郵貯から財政投融資へという二つの公的マネーの蛇口を大蔵省に握らせ、さらに銀行預金・株式投資・保険金積み立てなど民間金融も市場の自由にさせないで護送船団方式を徹底させることによって、少ないマネーを一極集中管理して最も効果的・重点的に再配分して追いつけ追い越せを追求した。そのやり方が効果を上げたのはせいぜい一兆ドル経済に達する頃までで、その段階からは、実際にこの巨大な富の集積を生み出しているすべての人々の知恵と発意が自由に発揮される多極分散型の意思決定とマネー循環の先進国型システムに移行することが求められた。ところが日本は成熟をはき違えてバブルに走り、もはやサイズもポンプ能力も小さすぎる上に老朽化してガタガタになっているそのシステムを改革する機会を失った。大蔵省はその改革され損なった旧システムの残骸であり、収税と予算・決算の機能は地方に委ね、社会主義セクターである財投と政府系企業・特殊法人は廃止もしくは民営化し、民間金融も手放して歴史の舞台から引退しなければならないのに、本人にその自覚がない。

今や全く何の意味もない金融機関の〝検査〟を担当する役人が、当の検査の相手から接待を受けて生肉を食いながら若い女性のお尻を懐中電灯で覗いているというおぞましい光景は、一体何なのか。外電は「ノーパンしゃぶしゃぶ」なるものを世界の人々が理解できるようにどう説明したのだろう。そしてそれに対して大蔵省が打ち出した対策とは、「検査官が不正を働かないように監視する監査官の制度を新設する」というものだった。監査官の不正は誰が監視するのか。

（高野孟「世紀末マイナス3年目の世界——転換の波に乗れない？ 日本」）

日本の経済成長に、「一兆ドル経済に達する頃」と臨界点を指摘して、そこにシステムの改革の機会を見た。そしてまた、監視を監視する制度の提案に対して、「監査官の不正は誰が監視するのか」と「矛盾」の故事を地でいくような問い、——生彩に富むこの文章は特異点の思考の好例であると同時に、もはや手遅れの感のある時代にあってもなお、人は時代に対して批評と提案を続けていかねばならない、というメッセージをも伝えてくれる。

特異点の思考は、一種の思考実験（シミュレーション）だ。この現実、この論理を、どこまでも押し進めていったらどうなるか、と問いつめていって、この現実、この論理が、成立しなくなるところまで行ってしまう。相手のふところの中にいて、相手の論理をより大胆に、誇張的に肯定していって、ついには相手が自壊してしまうことをうながす。この、相手のふところの中にいるというのは、一種の思考上の擬態（ミミクリー）である。擬態だからけっして相手と同化はしない。

実は、この、特異点の思考は、ジャック・デリダのデコンストラクション（脱構築）の思考につながっていることに気づく。というのも、デリダ自身の言葉で語ってもらうと、その方法はこの章の要約になっていると言えるような、きわめてオーソドックスなものだ。すなわち、かの哲学者の通った道をそのままに辿り、そのやり口を理解し、その詭計を借り、その持札で勝負し、思うがままに策略を繰り拡げさせておいて、実はそのテクストを横領してしまう（後略）。（J・デリダ『エクリチュールと差異』下）

現代の思考が批判の力を失っていく中で、珍しくそれを失わないデコンストラクションの思考は、これまでの「批判」の哲学がイデオロギーの外面的・暴露的な批判に傾斜しがちだったのにたいして、批判をより内在的なものにする努力だったと評価できる。

第10章

入れ子の思考──思考の原始構成

有限な人間が無限の宇宙を了解することは可能だろうか？　思考とは、無数の入れ子構造のなかにある人間がその外側を探究しようとする、終わりなき営みなのだ。

太陽のまわりを星が回っている、原子核のまわりを電子が回っている──天体の世界と素粒子の世界、極大の世界と極小の世界、かけはなれたこの二つの世界がこんなふうに類似した運動をしていると知ったとき、ぼくらが宇宙と呼んでいるものは巨大な一匹の生物に過ぎなくて、この生物も実はもっと大きな生物の一部で、その大きな生物ももっともっと大きな生物の一部で、……というように無限に包摂されていく途方もない連続を考えたことがある。

後で知ってうれしくなったのだが、パスカルも、宇宙を「この小さな暗い牢獄」と呼んで、そのなかの最も微細な一匹のダニにも、さらに小さな部分、「すなわち関節のある足、その足のなかの血管、その血管のなかの血、その血のなかの液、その液のなかのしずく、そのしずくのなかの蒸気」があって、なおも分割していくと、「そのなかに無数の宇宙を見、（中略）その地球のなかにもろもろの動物、そしてついにはだにを」「再び見いだすであろう」と書いている（『パンセ』七二）。

　ダニのなかにまた宇宙があってそこにもダニがいる、「原子の縮図」のなかに「広大無辺なもの」がある。人間の身体なんてちっぽけなダニみたいな存在、「宇宙のなかにあって知覚できないほどのもの」にすぎないのだが、このパスカルのいう「原子の縮図」からみると「一個の巨人」「一つの世界」「全体」に変貌してしまう。宇宙や原子のしくみのなかにある無限の連続の不思議を思うと、ぼくらの通常の身体感覚やそこからつくられたスケール感が、安定を失って、茫然自失してしまう。これがきっと「思考の宇宙」というものなのだろう。絶えざる相対化にさらされながら、何かにすがりつくように考えている人間の姿が見えてくる。

　また、こんなことも考える。

　自分は映画のなかの映像人物にすぎなくて、それを見てるやつがある。映画が終われば、ぼくの人生も終わってしまうことになっているのだ、と考えて、なにやら、「過ぎ移りゆくものは映像に過ぎぬ」などと、ファウストのような無常感にとらわれたこともある。ここまでは、鏡の国でアリスが、王様の夢の中の人物にされてしまって、「王様が目をさましたらわたしは消えてしまうんだわ」と不安になったのと似ている。しかし、その映像人物のぼくがまたテレビや映画を見ているのだから、その映画のなかの映像人物もそんなことを考えているかも知れない。そのテレビや映画のなかでもテレビや映画を見ている場面がある。ということは、そのなかにもきっとテレビや映画をみる場面があって、映像のうちの誰かはぼくと同じようなことを考えているかも知れないということだ。

夢の中で夢を見たことは一度しかないが、奇妙な経験だった。覚めた後でも、不安定な気分が消えなかった。今自分がこうしてパソコンを叩いているのも夢かも知れない、と思うと、この世は仮の世、形あるものはかならず消滅するとする仏教の教えも実感がでてくる気がするのだ。仮想現実が現実を飲み込んでしまった、という前に、現実そのものが、無限の覚醒に向かう夢の過程であるかも知れないのである。

いれもの

こういう連続的な包摂関係で考える思考は、どうも人間につきまとっているらしい。次のような例文を見てみよう。

世界は「いれもの」の連続体であるようにみえることがある。

たとえば、わたしが手にしているエンピツである。このエンピツは、一ダースを単位にして、プラスチックの箱のなかにはいっていたもので、わたしは、その「いれもの」から一本をとり出して、机のうえに置いた。

だが、このプラスチックのエンピツ箱は、ついさっきまで、わたしの机のヒキ出しにはいっていた。ヒキ出しも「いれもの」である。その「いれもの」のなかに、エンピツ箱という「いれもの」がはいっていた。いわば、ヒキ出しは、エンピツにとって、「いれもの」の「いれもの」だったのだ。

ヒキ出しは、わたしのキャビネットのなかにおさまっている。キャビネットも「いれもの」である。つまり、キャビネットは、エンピツの「いれもの」の「いれもの」の「いれもの」なのである。エンピツは、三重の「いれもの」のなかにはいっていたのだ。

「いれもの」という、四文字のひらがなが、あまりかさなりすぎるので、これ以上この文字をかさねて使うことをやめたいが、キャビネットは、わたしの書斎という名の「いれもの」のなかにあり、そして、わたしの部屋は、家屋という、やや大きな「いれもの」のなかにある。一本のエンピツは、こう考えると、四重、五重の「いれもの」につつまれているのだ、といってよい。そして、さらに、この一本のエンピツでさえ、考えようによっては、その肝心の部分をなす芯は、六角形の木材という「いれもの」のなかにぴっしりとおさまっているのである。

おなじことは、他のもろもろのものについてもいえそうだ。衣料品は箱という「いれもの」にはいり、その箱はタンスのなかにはいり、タンスは部屋のなかに置かれる。一枚の百円玉は財布にはいり、その財布はポケットのなかにいれられている。ものは「いれもの」に収容されるが、その「いれもの」は、さらにもうひとつの「いれもの」にいれられる。わたしが、この世界を「いれもの」の連続体と名づけるのは、このような意味なのだ。

いわば、それは、温泉地などで売っているいれこのダルマのおもちゃのようなものだ。ダルマは、ちょうどまんなかあたりで、上下ふたつの部分にわかれ、なかから、ひとまわり小さなダルマが顔を出す。そして、この二番目のダルマのなかから、こんどは第三のダルマが、というふうに、合計、五つか六つのダルマがとびだしてくるのだ。人間生活のさまざまな局面もまた、ダルマのごときものである。ものは、多重的ないれものに包まれて存在している。もしも宇宙人が、人間生活をつぶさに観察するなら、人間という生物は、やたらにたくさんの皮膜をもののまわりにくっつける習慣をもっていることにおどろくにちがいない。

（加藤秀俊「人とうつわ」）

旅行カバンには、衣類だの食料だのそれぞれ袋に包んで、入れていく。包みの中にまた包みがある。引越しのときは、袋や箱や、ふろしきを使って、ナカミだけでなく、イレモノが引越しをする。

先の例文にもどると、モノは、……家—書斎—キャビネット—エンピツ箱—エンピツ—芯……というぐあいに無限の包摂関係におかれている。しかも、その場合、イレモノとナカミの区別は相対的なものにすぎなくなり、おなじ「エンピツ」がエンピツ箱にたいしてはナカミ、芯にたいしてはイレモノ、というようにその役割（包む・包まれる）を交替させる。

イレモノはたいせつなナカミを単位化して保護・保存する形式であるけれども、同時に、ナカミを指示し（ラベルを貼る）、それを外部に向かって広告宣伝する（パッケージ）。つまり、イレモノは、境界として両界的な性質をもっている。

ここで、加藤さんが、『整理学』という本を書いたことを連想すれば、入れ子は、分類的・ヒエラルキー的な発想と関連がふかいことにも注目しておきたい。

カプセル化社会

入れ子の包摂の思考モデルは、現代文明を考えるときにも使われる。その容器の代表格はひとむかし前はたとえばカンヅメだった。カン・フラワーの例をあげて星新一さんがカンヅメという容器を論じたことがある。

ことは草花だけではない。いまや私たちの生活はカンヅメ時代。カンヅメ食品をよく食べるということではない。みながカンヅメ化する傾向にあるという意味だ。団地の小さな住居もカンヅメのようなものだ。苦心して買うマイカーもまたカンヅメのごとし。ヘルメットの流行も同様である。小学生たちが学校の往復に黄色いヘルメットをかぶっている写真などを見ると、こうまでしないと人間も成長できなくなったのかと、胸の痛む思いだ。

生活と外界とのあいだに、丈夫な物質の膜を張らないと、どんな災害にあうかわからないのだ。

（星新一「カンヅメへの進化」）

星新一さんは、動物が卵を生みっぱなしにする魚類や爬虫類の段階、卵を温めてやらねばならない鳥類の段階、さらに卵や胎児を母胎内で保護してやらねばならない哺乳類の段階と、生物の進化は、環境悪化に堪えられるように、カンヅメのような装置を増殖させてきたプロセスであったというのだ。人間は、生まれ落ちてからも、このような装置を増やし続けている。つまり、「一生を装置に包まれた胎生ですごすのだ」。――これは環境悪化の証拠。植物までが胎生のようにカンヅメ装置を必要とするのは、この環境悪化のせいだというのだ。

そういえば、カプセル、箱、ふくろ、ファイリング用文具、と、いろんなパッケージを何重にもあやつる人間自身が衣服・家、国家、といったように、有形・無形のカプセルに包まれている。包む人間自身が包まれていることに気づかされる。フランスの現象学の哲学者メルロ＝ポンティは、人間の身体が「習慣的層」に包まれているといったが、その習慣的層を包んでいるのはもっと大きな「文化」というカプセルだろう。

そして、包み方の違いに、文化の違いを感じることがある。ロラン・バルトは日本の風呂敷に無の観念を見た。

『「縮み」志向の日本人』で従来の日本人論に一石を投じた李御寧《イーオリヨン》さんは、風呂敷は日本に固有のものではないよ、韓国にも中国にもそれはある、たとえば、中国明代の長編小説

『水滸伝』にはいろんなふろしきが登場する、と「固有」好きの日本文化論に釘をさしながら、韓国での、ふろしきからランドセルへ、いわばプレモダンからモダンへと移り行く子供時代の体験を、「ふろしきとカバンの文化コード」という文章で、記号論的に解きあかしている。

田舎くさいふろしきにくらべ、都会ふうの洒落者の誇りと便利を意味したランドセルが、子どもたちにとっては「拘束」でもあった。つまり、ランドセルは中身を出した後でも教室の空間を占有する邪魔者であり、学校の帰り道に珍しい物を手に入れてもはいらない愚物であったというのだ。

そして、カバンは「入れる」コード、ふろしきは「包む」コードによって、東と西の文化の差異を解きあかす文化的テクストとして読むことができると言って、このふたつを比較していく。カバンの原型は箱、それもノアの箱舟になる。全世界を整理棚のように圧縮したノアの箱舟は「第二の創世」とも言われる。

◇◇◇◇◇◇◇◇◇◇◇◇◇◇

「ノアの箱舟」がアメリカ大陸の草原にくると、開拓者たちの「幌馬車」になり、海の下に沈むとジュール・ヴェルヌの「ノーチラス号」(『海底二万里』)とか原子力潜水艦になる。スペース・シャトルは宇宙の大気圏に浮かんでいる「ノアの箱舟」である。その共通性はそれがみな動く箱である「カバン」の意味作用をもっているからである。内が外を断絶しているので、すべての生命はその箱を離れては生きていくことができない。「ノアの箱舟」の動物は自分の器官にたよって生きているのではなく、インキュベータに入った赤子のように、箱舟の骨組の構造に依存して呼吸をしている。箱舟の外は大洪水であり、幌馬車の外はインディアンの野蛮な毒矢がながれる荒原であり、ノーチラス号の窓の外は大きなタコが襲ってくる暗い海底であり、スペース・シャトルの外はただでは呼吸ができない宇宙空間である。

なによりも「ノアの箱舟」が「ふろしき文化」と異質なものであることは、主客の関係が転倒しているという現象をみてもわかることだ。すなわち、「ノアの箱舟」からスペース・シャトルまでの動かせないその特徴は、入れる「主体」よりも、それを入れる「容器」が中心になっているという転倒関係である。なにを入れてもカバンはカバンである。入れる物に関係なく独自的な自己構造と大きさをもっている。なにかを入れる手段であったものが自己の論理をもって一つの目的の世界に化けてしまったのが、「カバン」のシニフィエである近代性なのだ。（李御寧「ふろしきとカバンの文化コード」）

そうなると、先ほど見た加藤さんの例文は、やはり、箱がモデルになっていて、分類・

相同性・堅い境界、の思考だった。ふろしきは、中身がはみ出したりして、外と内とがなにやらあいまいな、やわらかい境界、といえそうだ。

「包む」と「入れる」との差異を李さんのように問題にすると、この章での入れ子の思考は、どちらをも区別せずに扱っているから、「含む」「含まれる」、と二項対立の上位の言葉を使うことにした方がよさそうだが、他の例文との関係もあるので、用語の境界をやわらかくとっていることを了解してほしい。

このように、含み／含まれる思考は、いろんな発見があって面白い。

言葉の入れ子

言葉の世界にも入れ子の構造がある。有名なのは、国語学者・時枝誠記の言語過程説という理論。例えば、「匂の高い花が咲いた」という日本語の文は、時枝によれば、

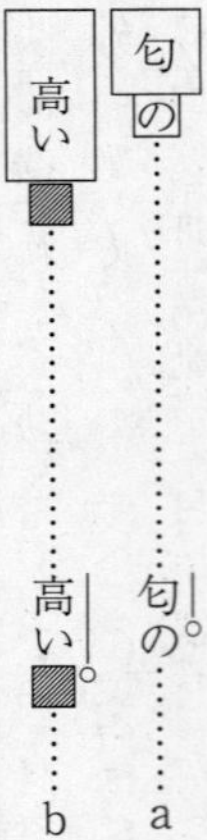

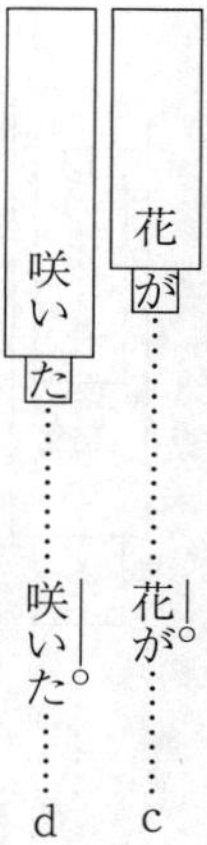

というように、分析され、それらが、

のように、入れ子の構造になっているというのだ（『国語学原論——言語過程説の成立とその展開』）。「高い」のあとの黒い四角は「零記号の辞」と呼ばれるもので、「の」や「が」と同じように、上のことばを包む機能がそこにあると想定されるというのだ（これは、先に見たイレモノとナカミの相対性・役割交替・境界のもつ両界性から説明できそうだ）。

第一の図は、次のように説明される。

例へば、「咲かむ」は、「咲く」ことに対する推量を表し、包むものと包まれるものとの関係が、「咲か」と「む」の間に成立する。右の如き意味的聯関を考慮に入れて分解を施さうとするならば、「匂の高い花が」の「が」は、単に「花」と結合してゐるだけではなく、「匂の高い花」全体を総括する関係に於いて結合してゐるといはなければならない。即ち「が」は、「花が」といふ音声的集団を超越して、「匂の高い花」全体に対して意味的聯関を持つてゐることになる。その関係を図示すれば、

匂の高い花が……［匂の高い花］［が］……匂の高い花が

「た」も同様にして、単に「咲い」或は「花が咲い」に結合してゐるのではなく、話手の断定の表現として、「匂の高い花が咲く」といふ事実全体を包んでこれを総括してゐると見なければならない。即ち、

匂の高い花が咲いた……［匂の高い花が咲い］［た］……匂の高い花が咲いた

右の様に、「が」と「た」の総括機能を認めるならば、右の文は結局に於いて如何なる構造になるかといふに、これを次の如く考へなければならない。

［［［匂の……花］［が］咲い］［た］］……匂の高い花が咲いた

そして、この文全体もやはり入れ子になっているというので、つぎのような説明になる。

右の如き言語の統一形式は、これを辞が詞を総括するといふ処からいへば、前にもいつた様に、風呂敷型構造形式とでもいふべきものであるが、かくの如き形式が相重なり合つて更に大きな統一へと進展する処から、これを入子《いれこ》型構造形式と呼ぶことが出来ると思ふのである。入子型とは、例へば、三重の盃のやうなものである。その

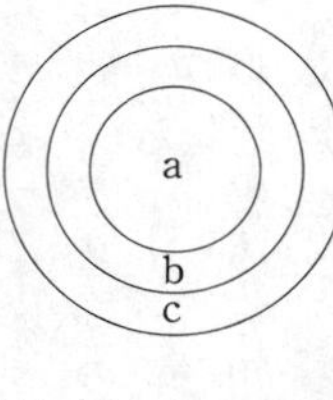

構造は図の如く、大盃ｃは、中盃ｂをその上に載せ、中盃ｂは更に小盃ａをその上に載せて、そして全体として三段組の盃を構成してゐる。ａｂｃは夫々その容積を異にするが、盃としての本質を斉《ひとし》くする処から、これを三段組の単位といふことが出来るが、それは質的単位の意味に於いてである。か様にａｂｃは各独立した統一体であるが、同時に全体に対して部分の関係にある。この様な構造が即ち入子型構造である。そして国語の単語排列の形式は、正しく右の如き入子型の構造形式に比することが出来るのである。

（時枝誠記『国語学原論』）

すぐに気づくことだが、入れ子の外側の箱になるほど、そのことばをつかっている人の意識のこちらがわに近づいてくる。長いスピーチをしてしまいに「……なんちゃって」というとき、このいちばん外側の箱のことばにぼくらの自意識が現われる。話し方をとおしてその人の無意識（コンプレックス）を読み取ろうとするとき、このことばの入れ子の外側の箱は重要な手がかりになるのだ。

ただ、ここで入れ子の構造を説明するとき、風呂敷や盃をメタファーに使っていることはやはり気になるところだ。時枝の日本語論がやはり一種の日本文化論としての性格をもっていることのこれは好例だと思えるからだ。でもここでは、日本語の特殊性として、風呂敷のメタファーを使う方向でなく、入れ子の構造の持つ普遍相のほうを見ていく道を採りたい。つまり、どの言語にも入れ子の構造はある、という立場をとるわけだ。

この言語の入れ子構造という発想は、後の国語学に大きな影響を与えた。構文論の方でも、似た分析法が採用されている。

例文も花が出てくるのだが、例えば、

〔〔（バラの）花〕が咲き〕ました。

〔〔花に（虫が）〕ついてい〕てよ。

（三上章『日本語の構文』）

こんなふうに、数式の括弧のような表現で分析することについて、三上さんは、「上の括弧使用は、入れ子型図式（時枝）の略記法にもなっている」と言って、時枝誠記の発想を引き継いだことをあきらかにしている。しかも、言葉のかたまりやかかり受けの関係を中心に文章を分析する構文論は、「語句の連合の順序を示すために括弧を使う」、すなわち、入れ子型図式の略記法を採用することで文章分析熱をはやらせた。ちょっと話はそれるけれども、数学の括弧の多重使用もそうだが、この三上さんの略記法のアイデアは、論理学や集合論の記号使用にヒントを得ているようだ。

たとえば、

許可なく構内に駐車することを禁ず。

という例文を、H（副詞）、×（副詞的連用）、d（動詞）、M（名詞）、＊（名詞的連用）などと決めて、

$$〔\{H_1 \times (H_2 \times d)\} \cdot M〕 * d$$

とあらわすような場合である（同）。

数学の式の計算では、括弧でくるということをやって、小括弧・中括弧・大括弧、と包摂のグレードを上げていった。漢文の訓読にも、似た考えがあって、訓点は、レ点、上中下、一二三、甲乙丙、天地人、のようにグレードを上げていく。どちらも、小さい括弧から先に処理する点で、包摂の秩序は同じだ。

思考の入れ子

話をもとに戻して、ことばの入れ子の外側の箱に注目して、ぼくらの意識の姿を描写するような文法理論がある。つまらなかった文法ががぜん生き生きしてきて、ぼくはこの箇所には興奮した。

◇◇◇◇◇◇◇◇◇◇◇◇◇◇◇◇◇

注意してよいことは、文末近くに現れるものほど、また文頭にも現れやすい、ということであろう。

ネエ、母さん、五時に出発だったネ。

ヨー」、元気そうじゃないかよ」。

などの文頭の「ネエ」「ヨー」の類は、感動詞の類とされるが、文末の「ネ・よ」と本来同じものに違いない。と言うことは日本語では、聞手への呼びかけが最も外側にあって文頭文末の両方から表現を包み、その一つ内側に対象への訴えがあり、一番内側に主語と述語の叙述の領域がある、ということを意味する。

（渡辺実『国語文法論』）

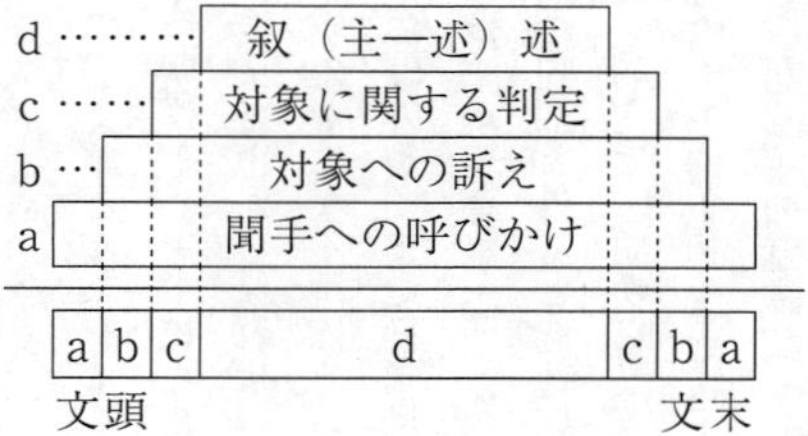

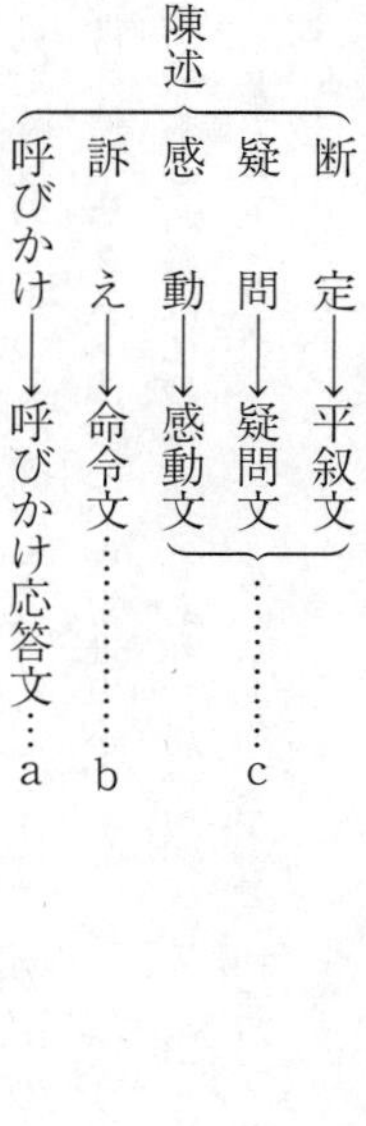

この、文頭と文末をイレモノの同じ階層におく図式は、文を超えた文章・テクストの構造を解明するヒントになる。渡辺さんはこれを四角形の階層の図式で書いたが、四角形を円に変えて上から見れば、先に見た時枝の三重の盃の図、先取りして言えば、同心円のマンダラの形になる。ぼくらの読書体験、テクスト体験は、日常世界からテクストという異世界にはいってまた日常世界に回帰する通過儀礼の体験でもあり、異世界への入り口・出口には、境界標識となる言葉（メタナレーション、前置き・あとがき等）が置かれて、テクストの内部と外部とを仕切っている。

実をいえば、語から文、文から文章へ、とレベルをあげると、イレモノとナカミの関係も自由度を増す。埋め込まれた言葉（ナカミ）を地の文（イレモノ）が規定し、外側の文ほど、語り手の意識、それも外部（聞き手・読者）にむかう意識が強くなるのが、言葉の入れ子の常態だが、具体的なテクストでは、イレモノ・ナカミの関係は、一方が隠されたり、含意されたり、交替・反転する場合もあり、コンテクストによる解釈の余地が増大する。小説などでは、作者のメッセージが、入れ子の外枠でなく内枠（エピソードや引用）の方に隠されていることもある。大切なもの、こわれやすいもの、美しいものを、入れ子のいちばん内側に入れて、外圧や時間の腐蝕からまもっているということもあるのだ。

地と図が反転しあうだまし絵のように、ぼくらは、枠小説、劇中劇、画中画を楽しむ。しかしその楽しみには、この「私」が相対化される恐怖の感覚も含まれている。内部と外部が交替可能になってしまう夢中夢はほんとうに怖い。しかし、これはまさしくぼくらの思考の光景でもある。

『鏡の国のアリス』の終わりで、アリスは、「夢をみたのは、わたしか、赤の王さまか」と問うて、

「むろん、赤の王さまはわたしの夢の一部分だったわ——だけど、わたしだって、赤の王さまの夢の一部分だったのよ。」

（ルーイス・キャロル『鏡の国のアリス』）

と事もなげに言っている。むろんこれは、『荘子』のなかの有名な「胡蝶の夢」のエピソードを連想させる。

むかし、荘周《そうしゅう》は自分が蝶《ちょう》になった夢を見た。楽しく飛びまわる蝶になりきって、のびのびと快適であったからであろう。自分が荘周であることを自覚しなかった。ところが、ふと目がさめてみると、まぎれもなく荘周である。いったい荘周が蝶となった夢を見た

のだろうか、それとも蝶が荘周になった夢を見ているのだろうか。荘周と蝶とは、きっと区別があるだろう。こうした移行を物化《ぶっか》（すなわち万物の変化）と名づけるのだ。

昔者、荘周、夢為胡蝶、栩栩然胡蝶也、自喩適志与、不知周也、俄然覚、則蘧蘧然周也、不知、周之夢為胡蝶与、胡蝶之夢為周与、周与胡蝶、則必有分矣、此之謂物化、

（『荘子』）

「自己」というものは絶対的な時間空間のなかに位置してはいなくて、ちょっと観点を変えればたちまち別の系の物象に変貌してしまうような存在だ——入れ子のしくみは古来から人間を、思考の相対論的宇宙のなかに誘いこんでいたようだ。

さらに、同心円でなく、自己と他者とのあいだに交叉する複数の入れ子を考えたらどうなるだろうか。言葉のなかの言葉、引用のパッチワーク——ぼくらは言葉のなかに他者の言葉を引用しながら話し考えているわけだけれど、ここにも反転が生じうる。自分の言葉と他者の言葉の区別ほどあやういものはない。これはそのまま、自分の思考と他者の思考との区別は可能か、という気味のわるい問題につながる。自分の頭で思考しているつもりで誰かにマインド・コントロールされている、ということはありうるし、あるいは自らすすんで自分の思考（脳）を誰かの思考（脳）に一体化させようとすること、といえばすぐ

さま連想される事件があった。アリスふうにこれを一般化して、偉大なあるいは卑小な指導者や尊師の、夢や妄想の一部にされてしまった人たちの引きおこした大小さまざまな事件、といえば連想は限りなく広がる。

しかしこれは特別な事件にかぎったことではない。ぼくらは自分の頭で考え、自分の言葉で語っていると思っているが、それはそう思い込んでいるだけで、実は誰かに、あるいは何かに操られているから、そのように考え、語っているだけなのかも知れない。個人の思考や言葉のなかにはいりこんで、「自主的」な思考や言葉をうながしているかのようにふるまう、その実、すっぽりとそれらの思考や言葉をいちばん外側から包みこむもの、——そうだ、それは「イデオロギー」であり「権力」だ。「思想」もそうかも知れない。というのも、日常生活のありふれた人間関係のなかにも絶えず、この入れ子の支配・被支配の関係は生じているからだ。

……ぼくがこう書いたとき、ふと気づくと、ふたりくらいの思想家の影がぼくの頭の後上方のあたりにちらつき始めた。ぼくは自分の頭と言葉でこれを書いたつもりだったが、実は彼らの思想がぼくの頭と身体をつたわって、このような文章を書かせているのかも知れない。

しかも、「ふと目がさめてみると」「ふと気づくと」「実は……」、というように、気づく、覚める、というのだけれど、これも絶対的なステップを保証してはいない。次にまた、誰か（何か）に操られていたと気づき、陶酔や夢から覚める瞬間の来ることが、予想されないだろうか。しかもそれが、陶酔や夢に向かっているのか、覚醒に向かっているのか、入れ子の内側にはいりこんで行くのか、外側に出て行くのか、どちらとも判断はつかない。

このように、世界や他者に対して、ことばというシンボルをつかって人間が立ち向かうとき、そのことばは単一・単純な構造体ではなく、ことばの箱を開けるとそのなかはまたことばの箱だった、というような、分厚い入れ子型の層構造をなした複雑なものだった。ぼくらの意識が何かにむかうとき、ことばはその何か（あちら）のがわにも、ぼくら自身（こちら）のがわにも存在していて、しかも「こちら」と「あちら」は相互に入れ換わりうる不安定なダイナミズムをはらんでいる。

入れ子は、ぼくらに、思考の相対論的宇宙での危険にみちた試練を課しているのである。

宇宙の入れ子

入れ子の思考は、現代の生物学の思考にもよみがえっている。あの「ホムンクルス」というゲーテの『ファウスト』にも登場する人造のこびとのアイデアが、遺伝子理論のなかに新しく生まれ変わったのだ。つまり、一個の卵からどうして複雑な組織を持つ高等動物がつくられるのかという謎に、それは、受精卵のなかにその動物のひな形が存在するからだ、とする前成説と呼ばれる考え方が、アリストテレスの時代以来あって、十九世紀まで続いた。この説はウニやカエルの卵の分割・発生実験で否定されたわけだが、それでも、親の形質を子が受け継ぐのはなぜか、という謎は長い間決着がつかない問題だった。十八世紀の百科全書派のディドロは、壮大な自然学の書『ダランベールの夢』のなかで、「一つの原子《アトム》のなかに完成された一匹の象がおり、この〔象の〕原子のなかに完成された象がもう一匹いる、そんなことが果《は》てしなく続く、なんて考えることを理性は嫌うからね」（〔 〕引用者）と、自身に語らせ、パスカルの場合とは逆に、前成説と無限連続の考えに反対している。

現代の生物学は、遺伝子と呼ばれる情報の担い手の正体が、DNAであることをあきらかにした。このDNAという小さな模型にしたがって生物の形はつくられる。ハエのからだをくぎる「体節」の模型が、ハエの染色体に存在することが発見された（一九八四年）。染色体上に将来の体節と同じ順番で遺伝子が並んでいて、それが体節の形作りを指揮しているというのだ。この遺伝子はホメオボックス遺伝子と呼ばれる（「朝日新聞」一九九六・二・七夕刊）。

この遺伝情報を「ホムンクルス」と呼び換えてみよう。そうすると、ディドロの意には反して、卵（精子）のなかに小さな人（ホムンクルス）がいて、そのホムンクルスの卵のなかにもっと小さいホムンクルスがいて……という、古くからぼくらを悩ました入れ子の無限につづく構造が、この新たな探求にもつきまといそうなのだ。

そしてまた、この遺伝子の入れ子をめぐっても、前節「思考の入れ子」で見たような反転劇がおきている。

生物の体は、遺伝子が自分自身の複製を増やすために創りだした機械にほかならないという、R・ドーキンスの『利己的な遺伝子』の理論が火付役だ。生物の体の入れ子の内側にあって、生物の存続のための手段と考えられていた遺伝子が、一転、生物の行動を支配する戦略的な主体になってしまって、これは「DNAの陰謀」説として議論になった。

ぼくらの宇宙像が入れ子なのか、宇宙そのものが入れ子の構造をしているのか、生物の遺伝の仕組みだけでなく、次のような例でも、自然界の入れ子をぼくらは認めることになるはずだ。

自然界の幾何学といわれるフラクタル幾何学で、ブリテン島の海岸線の長さをより正確に測るという問題を出している。そして、どんな方法で測っても、その長さは無限と考えるのがよいという結論にいきつく、という。なぜか。

この振舞の理由は明らかである。縮尺1/100,000の地図で認められる湾や半島を1/10,000の地図でもう一度眺めると、さらに小さな湾や半島が見えてくる。1/1,000の地図では、もっと小さな湾や半島が現われる。以下同様で、そのたびごとに、長さが増えていく。（ベンワー・B・マンデルブロ『フラクタル幾何学』）

◇◇◇◇◇◇◇◇◇◇◇◇◇◇◇◇◇◇◇◇

つまり、海岸線のでこぼこのかたちも無限の入れ子になっているので、デバイダの幅をどんどん狭くしていくと、一定の確定値に近づくどころか、長さは増大していくことになるというのである。大きなスケールでおこっていることが小さなスケールでもおこるわけだ。

太陽系と原子とが、大きな枝と小さな枝とが、同じような構造になっている。「だから、宇宙は、入れ子構造を持っている」とフラクタル幾何学は考える（竹内薫『宇宙フラクタル構造の謎』）。

小さな世界と大きな世界の相似ということで言えば、かつて物理学者の寺田寅彦が、そのエッセイのなかで、茶碗の湯の中におこる物理的現象と海洋や気象でおこる地球規模の現象とをむすびつけ（「茶碗の湯」）、粉状物質のつくる輪、樹木の年輪、魚類の耳石の年輪、貝がらの輪状構造、さらに平行山脈の生成など「縞模様」の説明を試みたり（「自然界の縞模様」）、ガラスの水滴がつくる樹枝状の模様、河川の分岐の様式、樹木の枝の配布、などの根底に共通な「形式的原理」を想定したり（「日常身辺の物理的諸問題」）、いろいろの不思議な問題に注意をうながしてくれていた。「日常眼前の現象」のなかに「広大無辺の自然」の諸問題（「物理学圏外の物理的現象」）が伏在していることを啓示しようとするその姿勢には、なにか寓意的な意思すら感じられた。

養老孟司さんは、大宇宙と小宇宙、天体と身体が相似しているという思考法は、古くから世界中にあり、今日に至るまで、家相、手相、血液型などに「相似」を信じる強い傾向が潜んでいると言う。仏教の宇宙、身体観の変遷をたどった興味ぶかい文章の中から、禅僧・沢庵の「入れ子」の論のところを引かせてもらう。

「人ハ、天地ノ内ノ小天地也。天地ヲチイサクツクリタル物也。タトヘバ九ツイレコノマルキ器ノゴトシ。大小ハカハレ共、器ハ同シテ、ソトヲマハセバ、内トモニマハルゴトク、人ノ身ハチイサケレド、天地ニカハル事ナクシテ、天地ガメグレバ、人ノ身ノウチモ春夏秋冬ノゴトク、気血ガメグリ、脈モソノトキドキノ脈ガキタリ、春ハ人ノ気上リ、冬ハ人ノ気シヅム。頭ノマルキハ、天ノナリニカタドル。足手ノ四ツニ分カレタルハ、地ノ四方ナルニカタドル」。（『医説』）

ここでは、『骨董録』からすでに引用した部分が繰り返されるが、ただし「入れ子」の比喩がとられている。入れ子は自己相似の表現として典型的なものである。面白いことに、ここでは、入れ子が「動き」の比喩に使用されており、外の大きな器が廻るとともに、中の小さな相似の器が廻り、これが天地の動きと、気血や脈の動きとの対比を構成している。

こうした引用からわかるように、沢庵の意識の中では、構造的な対比である四つの方位と四肢、頭の形と天の形が、機能の対比である季節の循環と身体の働きに対して、ともかくあるていど分離している。すなわち構造と機能、脳で言えば、視覚系と聴覚―運動系が分かれている。これは、近代的な感覚と言えよう。

（養老孟司「仏教における身体思想」）

ちなみに沢庵和尚の没年が一六四五年、「入れ子」という言葉はこの頃すでに使われていたのだった。養老さんは、この文章では、天体と身体のアナロジーから説きおこして、「実証」医学への変遷をたどろうとしている。

ところで時代は十三世紀初頭にさかのぼるのだが、鴨長明の『方丈記』を、亀井勝一郎は次のように読み解いている。

「東に三尺あまりの庇《ひさし》をさして、柴折りくぶるよすがとす。南、竹の簀子《すのこ》を敷き、その西に閼伽棚《あかだな》をつくり、北によせて障子をへだてて阿弥陀の絵像を安置し、そばに普《ふ》賢《げん》をかき、まへに法《ほ》花経《けきやう》をおけり。東のきはに蕨《わらび》のほどろを敷きて、夜の床とす。西南に竹の吊棚を構へて、黒き皮籠《かはご》三合をおけり。すなはち、和歌、管絃、往生要集ごときの抄物を入れたり。かたはらに、琴・琵琶おのおの一張をたつ。いはゆる、をり琴、つぎ琵琶これなり。仮りの菴《いほり》のありやう、かくのごとし。」

ところでこの各場所ひとつひとつを造型的に独立させ、豪華な素材で万倍ほどに拡大してゆくと、道長の法成寺《ほうじようじ》や東三条の寝殿造りになるであろう。長明の構想した方丈とは、つまり藤原造型の対極なのだ。大邸宅のすべてが虚栄であり徒労であることをその眼でみてきた「歴史家」の、無常感の造型化として草菴が成立したのである。

（亀井勝一郎『日本人の精神史』）

プレハブ住宅の先駆的建築家としても注目される長明の方丈（四畳半）の庵と藤原貴族

の大邸宅とを、このように関係づけて読みとること、しかもそこに長明の「アイロニー」を見てとること――この思考にぼくははっとするのだが、入れ子の宇宙像をそこに介して考えれば、この結びつけは納得できる。そして長明の入れ子と藤原の入れ子との交叉に、長明のアイロニーを見ることができたとき、縮小建築であった方丈の庵は「万倍ほど」の大きさにも反転して感じられてくるだろう。

要するに、小宇宙と大宇宙との対応において世界をとらえる思考法に、現代のぼくらがいったんたち帰ってみること、そうすると視えてくるものがある。たとえば、亀井と同様の方法でマンダラ絵を「拡大」すれば寺院建築になる。

最後に、マンダラと通過儀礼について、エリアーデの文章を引いておこう。ぼくらの「思考の宇宙」の祖型を、ここに見る気がするからだ。

曼荼羅という言葉は《輪円》という意味である。チベット語では《中心》とか、「周りを囲むもの」とかいう意味に言い換えている。実際には、《曼荼羅》という場合、同じ円であろうとなかろうと、ひとつの方形の中に記入される一連の円全体を表象しているのである。色の紐と赤い米の粉を用いて地面に描かれるこの図の中に、タントラのパンテオンの諸尊が集いきたってそれぞれ然るべき地位につく。《曼荼羅》はこうしてひとつの《世界像》と同時に象徴的パンテオンを表象するのである。加入式はとりわけ入門者を諸界に導入することと、《曼荼羅》の諸仏菩薩に近づけることにあるのだ。この没入の儀式は寺院の囲りを歩くことでよく知られている儀礼（pradakshina＝右遶）、あるいは寺院の最上壇の《純浄界》に達するまで壇から壇へとめぐる繞壇の儀礼と等しい価値をもつものと考えることができよう。また入門者の《曼荼羅》への入坦は迷宮《ラビリンス》へ導入する加入礼と同じものと認められるだろう。いくつかの《曼荼羅》は事実はっきりと迷宮的な性格をもっている。あるいは地面に描かれた《曼荼羅》への入坦は、一方では加入礼的儀礼と同じ価値をもつが、他方では《曼荼羅》は有害な外側からのどんな力からも入門者を「加護する」と同時に、彼が自己集中し、己れ自身の《中心》を見出すのを助けもする。

ところで、どんなインドの寺院でも上方から、平面上の投影図として見ると、ひとつの《曼荼羅》にみえる。インドの寺院はどれも《曼荼羅》のように小宇宙《ミクロコスモス》であると同所にパンテオンなのである。（ミルチャ・エリアーデ『イメージとシンボル』）

ようやく、テクスト体験のところで予告した、マンダラと通過儀礼の箇所にたどりついた。「いれもの」と「なかみ」の問題から始めて、ぼくらは、言葉やテクストのなかに、また自然現象や宇宙像のなかに、さまざまな入れ子を体験してきた。しかも神話も科学もいっしょくたに体験してきた。

入れ子の思考は、人間の思考とともに古く、かつ新しい。そして絶えず難問を課している。これがぼくらの広大な「思考の宇宙」のなかでどんな位置を占めているのか、うまく言うことはできないが、すくなくとも、有限な人間が無限の宇宙を了解可能にするためにとらざるをえない、宿命的な形式であるようにぼくには思われる。

あとがき

　ちくまライブラリーの一冊として『思考のための文章読本』を出したい、という依頼を当時の編集部の井崎正敏さんからうけたのは一九八七年のことだった。以前にＪＩＣＣ出版局（現宝島社）から出した『知的トレーニングの技術』の最終章のようなかたちでということで、見出し項目の提案もうけた。半分乗り気になり安請け合いしてしまったが、近刊予告がでたにもかかわらず仕事ははかどらず、今回、新書の形でなんとか課題を果たすまでに十年あまりを経過してしまった。

　もとより、手法とか方法という言葉は大好きだけれども、むしろそれは、手順の悪いことこのうえないぼくの性格によったもので、熟練工に憧れるだけの存在にとって、見出しはつくってみたものの、かつて読んだ本から例文を探し出すことは楽しみ半分、苦痛半分の作業だった。かつて読んだものは時代の変化によってどんどん風化しており、ぼく自身の思考の枠組みも流動していった。スキーやパソコンに逃避し、本の世界から遠ざかって電子出版などに興味を持ちはじめた頃、あらためて紙の本を再評価することにもなった。

その間、井崎さんがなにかと工夫をしてくれ、順不同、書きあがった章の原稿から送り届けるということを何回かしたが、それも中断することが多かった。その原稿のうちの幾本かを、友人たちとの読書会「くにたち同時代の会」のメンバーを同人に、故坂手健剛さんが編集していた書評誌『近頃読んだ気になる本』(カイプレス刊)に掲載した(一九九一—九七年)。本書の「単語の思考」「語源の思考」「人間拡張の思考」「擬人法の思考」「入れ子の思考」の原型である。この雑誌の最終号は坂手さんの追悼号となった。苦しまぎれの原稿にあたたかい声援を送ってくれた坂手さんの霊前にまずこの書を捧げたい。

八〇年代のおわりの四年間ばかり、NHKラジオの「学問新時代」「新学芸展望」という番組で、様々の分野の研究者と対話する機会があり、現代の多様な学問分野の傾向と方法にふれることができた。毎月、一人か二人の、未知の分野のひとと会うためにその著書を読むという作業は、ぼく自身の思考の枠組みの流動を促進した。もちろんぼくは流動するにまかせた。そして、録音のために森閑としたスタジオのなかで著者とふたりだけ、顔を接して対話する一、二時間は濃密で、話し言葉や表情・しぐさが、書かれたもの以上にそのひとの思考法を直截につたえることに興味をもった。

また当時都立高校の教員をしていたこともあって、高等学校の現代文の教科書の編者のひとりとして教材選びをした仕事も、文章からどんな学習課題をひきだすのかという問題について、そしてまた、現代の文章、とりわけ評論文の短命ということについて考えさせられた。

最終章の「入れ子の思考」については、言語学者の野林正路さんの主宰する「意味論研究会」で一部発表し、議論のなかで、入れ子の交叉について示唆をうけた。言語学・社会学・美学・認知科学等の諸分野の人々が自由に交流するこの会の存在は、本書の発想の一つの支えになっている。いろんな分野の諸概念が飛びかうなかで、それらの分野に共通してはたらいている形象的思考、イメージの思考にぼくは関心があるのだという自覚ができた。

十年はアッという間に過ぎた。このぶんだと道草だらけの酔生夢死の人生だわい、とたかをくくりかけていたころ、昨年暮れ、立場が変わり多忙になった井崎さんが新たな編集者と連携で急激なプッシュをしかけ、本書は世に出ることができた。ともかく、このわりのわるい著者を辛抱強く待ち、策を講じてまで叱咤激励してくれたことは、採算を通りこして、友情というものにちがいない。深く謝意を表したいと思う。

そして、実現段階では担当編集者の高山芳樹さんの、また資料整理では井筒三郎さんの手を集中的にわずらわせた。おふたりの労に感謝したい。

(1998. 3. 23)

文庫版あとがき

この本は、「文章読本」という名のとおり、アンソロジーのようにあちこちの書物から例文を引いているけれども、文章読本としてはかなり異色なものである。なにが異色といって、その作家の最も名文らしいところやすぐれた文章技法を抄出・解説したものではないことだ。採られた例文は、作家を離れてかなり自由に他の文章断片と関連し、別の思考系に置き換えられている。

こうした試みに踏み込んだのはなぜだったか、改めて読み返してみると、言語テクストにおける部分と全体ということを考えざるをえない時代変化が背景にあったのだと思う。例えばWEBに組み込まれたハイパーテクストは言語の線形性（線状性）を超えて、テクスト断片を自由なリンクで結びつけるようになり、またデジタル技術がイメージやサウンドの研究の進展を早め、言語テクストのステイタスが相対化されていく時代、テクストが整合性をもった構造体であることは信じられなくなっていた。

文芸批評のなかでは、いちはやく、こうした傾向を触知し、テクスト部分のアナーキーといってよいほどの関連づけを読書行為のなかに見出す批評を始める動きも出ていた。言語の線形性とそれに制約された思考の秩序をのり超えるという点では、一九七〇年前後にジュリア・クリステヴァやロラン・バルトが発見した「インターテクスト（性）」の概念と、ほぼ同じ頃にテッド・ネルソンが発明した「ハイパーテクスト」とは、分野が異なるとはいえ方向を一にしていたと言える。

さらに今日では、首尾一貫したリニアーな（それゆえに建前に陥りやすい）「議論」よりも「おしゃべり」「つぶやき」のデータ価値を重視する傾向もあらわれ、コミュニケーションや意思決定の分野に少なからぬ影響を与えている。文章の様態にも「つぶやき」は効力をもちはじめている。

この本でも、文章と思考の分野における、部分と全体、ミクロとマクロの問題が多くの章で追究されている。それもかなり神経質な扱いかただ。部分と全体の関係はもはや予定調和的ではない、「神は細部に宿る、とは限らない」――断片、細部、部分にあらたな意味と生命を賦活させるような例文の切り取りなり、解説なりができていれば、思考のためのこの文章読本の試みは、ささやかな一歩を踏み出せたことになるだろう。

さいわい本書のこうした試みは思いがけない分野からも評価された。大学の入試問題にもしばしば採用されている。文章を通して思考を鍛えるという企てにはニーズがあるのだと改めて感じている。

学芸文庫におさめるにあたり編集者の提案を容れて筆名に改めた。「あとがき」にもあるように、本書は元来、前著『知的トレーニングの技術』の延長として企画・執筆の始められたものなので、両書には関連性がある。

今回も編集部の田所健太郎さんのお世話により、各章の初めにリード文を付し、引用文と出典の照合がしなおされている。ほか、誤記・誤植、表現上の若干の訂正を除き、大きな異同はない。

二〇一六年七月

星新一「カンヅメへの進化」『人民は弱し官吏は強し　自選エッセイ』新潮社，1975年
李御寧（イー・オリョン）『ふろしき文化のポスト・モダン——日本・韓国の文物から未来を読む』中央公論社，1989年
時枝誠記『国語学原論——言語過程説の成立とその展開』岩波書店，1941年
三上章『日本語の構文』くろしお出版，1963年
渡辺実『国語文法論』笠間書院，1974年
L・キャロル『鏡の国のアリス』岡田忠軒訳，角川文庫，1959年
『荘子』第一冊，金谷治訳注，岩波文庫，1971年
D・ディドロ『ダランベールの夢　他四篇』新村猛訳，岩波文庫，1958年
B・B・マンデルブロ『フラクタル幾何学』広中平祐監訳，日経サイエンス社，1985年
竹内薫『宇宙フラクタル構造の謎』徳間書店，1994年
寺田寅彦「茶碗の湯」『寺田寅彦全集　第二巻』岩波書店，1997年
寺田寅彦「自然界の縞模様」『寺田寅彦随筆集　第四巻』岩波文庫，1963年
寺田寅彦「日常身辺の物理的諸問題」『寺田寅彦随筆集　第三巻』岩波文庫，1963年
寺田寅彦「物理学圏外の物理的現象」『寺田寅彦随筆集　第三巻』
養老孟司「仏教における身体思想」『日本人の身体観の歴史』法藏館，1996年
亀井勝一郎『日本人の精神史　第3部』講談社文庫，1975年
M・エリアーデ『イメージとシンボル』［『エリアーデ著作集　第四巻』］堀一郎監修，前田耕作訳，せりか書房，1976年

P・テイヤール＝ド＝シャルダン『現象としての人間』美田稔訳，みすず書房，1969 年
多田富雄『免疫の意味論』青土社，1993 年
C・ストール『カッコウはコンピュータに卵を産む』上，池央耿訳，草思社，1991 年

第９章　特異点の思考

B・パスカル『パンセ』前田陽一・由木康訳
エウクレイデス『原論』［『世界の名著 9　ギリシアの科学』］池田美恵訳
田中美知太郎『ソフィスト』講談社学術文庫，1976 年
T・ホッブズ『リヴァイアサン（一）』水田洋訳
J＝J・ルソー『エミール』［『世界の名著 30　ルソー』］，戸部松実訳，中央公論社，1966 年
I・カント『実践理性批判』波多野精一他訳，岩波文庫，1979 年
暢「しゃがむ」［こらむらうんじ］「朝日新聞」1996 年 2 月 9 日夕刊
吉田兼好『徒然草』講談社文庫，1971 年
元田永孚『幼学綱要』郁文舎，1918 年
新井白石『西洋紀聞』岩波文庫，1936 年
朝永振一郎『物理学とは何だろうか』上，岩波新書，1979 年
K・クラウゼヴィッツ『戦争論』上，篠田英雄訳
L・コール『居酒屋社会の経済学』藤原新一郎訳，ダイヤモンド社，1980 年
山崎正和『日本文化と個人主義』中央公論社，1990 年
高野孟「世紀末マイナス 3 年目の世界――転換の波に乗れない？　日本」『INSIDER』，1998 年 2 月 1 日
J・デリダ『エクリチュールと差異』下，法政大学出版局，梶谷温子他訳，1983 年

第１０章　入れ子の思考

B・パスカル『パンセ』前田陽一・由木康訳
加藤秀俊「人とうつわ」『暮しの思想』中央公論社，1971 年

訳，理想社，1962年
M・ハイデッガー『有の問いへ』［『ハイデッガー選集 22』］柿原篤弥訳，理想社，1970年
M・バフチーン『フランソワ・ラブレーの作品と中世・ルネッサンスの民衆文化』川端香男里訳，せりか書房，1973年

第７章　人間拡張の思考

イリーン，セガール『人間の歴史』袋一平訳，岩波少年文庫，1959年
M・マクルーハン『メディア論――人間の拡張の諸相』栗原裕・河本仲聖訳，みすず書房，1987年
村上陽一郎『技術とは何か――科学と人間の視点から』日本放送出版協会，1986年
E・T・ホール『沈黙のことば――文化・行動・思考』國弘正雄他訳，南雲堂，1966年
K・マルクス『経済学・哲学草稿』城塚登・田中吉六訳，岩波文庫，1964年
K・マルクス『資本論 1』長谷部文男訳［『世界の大思想 18』］，河出書房新社，1966年
E・T・ホール『文化を超えて』岩田慶治・谷泰訳，TBSブリタニカ，1979年
市川浩『精神としての身体』勁草書房，1975年
佐伯胖「脳のモデルとしてのコンピュータ」『コンピュータと教育』岩波新書，1986年
R・バルト『テクストの快楽』沢崎浩平訳，みすず書房，1977年

第８章　擬人法の思考

今西錦司『人間以前の社会』岩波新書，1951年
T・ホッブズ『リヴァイアサン（一）』水田洋訳，岩波文庫，1954年
J・ミシュレ「建築家としての蜜蜂――都市」『博物誌　虫』石川湧訳，思潮社，1969年
今西錦司『生物の世界』講談社文庫，1972年

波書店，1968 年
A・M・クック編『からだの百科』森亘日本語版監修，岩波書店，1983 年
T・クーン『科学革命の構造』中山茂訳，みすず書房，1971 年
阿部謹也『「教養」とは何か』講談社現代新書，1997 年
佐久間鼎『日本語の言語理論』恒星社厚生閣，1959 年
クセノフォーン『ソークラテースの思い出』佐々木理訳，岩波文庫，1974 年
プラトン『テアイテトス』改版，田中美知太郎訳，岩波文庫，2014 年
吉田秀和『LP300 選』［原題『わたしの音楽室』］新潮文庫，1981 年
福永武彦「飛天」『別れの歌』新潮社，1969 年
福永光司『中国古典選 10　老子』上
M・ハイデガー『ヒューマニズムについて』桑木務訳，角川文庫，1958 年
B・パスカル『パンセ』前田陽一・由木康訳，中公文庫，1973 年

第６章　転倒の思考

H・ベルクソン『笑い』改版，林達夫訳，岩波文庫，1976 年
遠山啓『無限と連続』改版，岩波新書，1980 年
永井均『子どものための哲学対話 —— 人間は遊ぶために生きている！』講談社，1997 年
W・ジェームズ『心理学』下，今田寛訳，岩波文庫，1993 年
柄谷行人『日本近代文学の起源』講談社文芸文庫，1988 年
S・フィッシュ『このクラスにテクストはありますか』小林昌夫訳，みすず書房，1992 年
木田元「技術の正体」『哲学以外』みすず書房，1997 年
西谷修「移動の時代」『離脱と移動 —— バタイユ・ブランショ・デュラス』せりか書房，1997 年
L・A・フォイエルバッハ『キリスト教の本質』全２冊，船山信一訳，岩波文庫，1965 年
M・ハイデッガー『世界像の時代』［『ハイデッガー選集 13』］桑木務

『岩波生物学辞典』第4版，岩波書店，1996年
J・グリック『カオス――新しい科学をつくる』上田睆亮監修，大貫昌子訳，新潮文庫，1991年
牧野富太郎『植物知識』講談社学術文庫，1981年
G・ベイトソン『精神と自然――生きた世界の認識論』佐藤良明訳，思索社，1982年
J=P・サルトル『実存主義とは何か』伊吹武彦訳，人文書院，1977年［サルトル全集第十三巻］
上野千鶴子「「セックスというお仕事」の困惑」『発情装置――エロスのシナリオ』筑摩書房，1998年
沢田允茂『現代論理学入門』岩波新書，1962年
G・ライル『ジレンマ――日常言語の哲学』篠澤和久訳，勁草書房，1997年
J・オールウド，L=G・アンデソン，Ö・ダール『日常言語の論理学』公平珠躬・野家啓一訳，産業図書，1979年
三木清「レトリックの精神」『哲学ノート』新潮文庫，1957年
アリストテレス『弁論術』戸塚七郎訳，岩波文庫，1992年

第4章　全部と一部の思考

李御寧（イー・オリョン）『「縮み」志向の日本人』学生社，1982年
梅棹忠夫『文明の生態史観』中公文庫，1974年
石田英一郎「人間の呼ぶ声――原始芸術の底にあるもの」『人間と文化の探求』文藝春秋，1970年
勝本清一郎「世界観芸術の屈折」『近代文学ノート 3』みすず書房，1980年
鈴木大拙『日本的霊性』岩波文庫，1972年
塚本学『生類をめぐる政治――元禄のフォークロア』平凡社，1983年
福永光司『中国古典選 10　老子』上，朝日新聞社，1978年

第5章　問いの思考

アリストテレス『アリストテレス全集 11　問題集』戸塚七郎訳，岩

吉田東伍『大日本地名辞書』上巻，冨山房，1907年
槇佐知子『日本昔話と古代医術』東京書籍，1989年
高群逸枝『女性の歴史（上）』講談社文庫，1972年
大野晋『日本語の起源』岩波新書，1957年
江上波夫『騎馬民族国家』中公新書，1967年
白川静『中国古代の民俗』講談社学術文庫，1980年
白川静『字統』平凡社，1984年
猪瀬直樹『天皇の影法師』朝日新聞社，1983年
中尾佐助『栽培植物と農耕の起源』岩波新書，1966年
市村弘正『「名づけ」の精神史』みすず書房，1987年
網野善彦『日本中世の民衆像』岩波新書，1980年
K・クラウゼヴィッツ『戦争論』上，篠田英雄訳，岩波文庫，1968年
坂部恵「カント主義」［山崎正一・市川浩編『現代哲学事典』］講談社現代新書，1970年
本居宣長『玉勝間』上，岩波文庫，1934年
本居宣長「直毘霊」［『日本の思想 15　本居宣長集』］筑摩書房，1969年

第３章　確実の思考

R・デカルト『方法序説』［『世界の名著 22　デカルト』］野田又夫訳，中央公論社，1967年
R・デカルト『哲学の原理』［『世界の名著 22　デカルト』］井上庄七・水野和久訳
西田幾多郎『善の研究』改版，岩波書店，1979年［初出弘道館 1911年］
島村抱月「懐疑と告白」『島村抱月文芸評論集』岩波文庫，1987年［初出 1909年］
エウクレイデス『原論』［『世界の名著 9　ギリシアの科学』］池田美恵訳，中央公論社，1972年
宮川淳「ジル・ドゥルーズの余白に」『紙片と眼差とのあいだに』エディシオン・エパーヴ，1974年

引用文献一覧

序

小林秀雄「福沢諭吉」『考えるヒント』文春文庫，1974年
小林秀雄「徂徠」『考えるヒント 2』文春文庫，1975年
R・バルト『零度のエクリチュール』渡辺淳・沢村昴一訳，みすず書房，1971年
E・R・クルツィウス『ヨーロッパ文学とラテン中世』南大路振一他訳，みすず書房，1971年
G・レイコフ，M・ジョンソン『レトリックと人生』渡部昇一他訳，大修館書店，1986年

第１章　単語の思考

西部邁『NHK市民大学　大衆社会のゆくえ』日本放送出版協会，1986年［のち，『大衆の病理――袋小路にたちすくむ戦後日本』日本放送出版協会，1987年］
柄谷行人『マルクスその可能性の中心』講談社文庫，1985年
小林秀雄「言葉」『考えるヒント』
立花隆『日本共産党の研究（一）』講談社文庫，1983年
林道義『父性の復権』中公新書，1996年
和辻哲郎『風土』岩波文庫，1979年
矢崎藍「主婦してる　ママしてる」「中日新聞」1987年7月20日
栗田勇「而今の花」『而今の花』作品社，1995年

第２章　語源の思考

堀秀成「音図大全解」『音義全書』上，神宮奉斎会，1913年
新村出「日と月」『語源をさぐる』旺文社文庫，1981年
鈴木秀夫『気候の変化が言葉を変えた――言語年代学によるアプローチ』日本放送出版協会，1990年

本書は、一九九八年四月、筑摩書房より『思考のための文章読本』（長沼行太郎著、ちくま新書154）として刊行された。文庫化に際して著者名を改めた。

新版 文科系必修研究生活術　東郷雄二
卒論の準備や研究者人生を進めるにあたり、何を身に付けておくべきなのだろうか。研究生活全般に必要な「技術」を懇切丁寧に解説する。

名文　中村明
名文とは何か。国木田独歩から宮本輝に至る五〇人の作家による文章の精緻な分析を通して、名文のスタイルの構造を解明する必携の現代文章読本。

文章作法入門　中村明
書きたい！　茫漠としたその思いを形にし、文章を発信するときのすべてを解説。原稿用紙の約束事から論理的な展開法にいたるまで徹底指導する。

悪文　中村明
文法的であってもどことなくしっくり来ない日本語表現をAからZまで26のテーマに分類、誤用・悪用例をとおして日本語の面白さを発見する。

たのしい日本語学入門　中村明
日本語を見れば日本人がわかる。世界的に見ても特殊なこのことばの特性を音声・文字・語彙・文法から敬語や表現までわかりやすく解き明かす。

英文対訳 日本国憲法
英語といっしょに読めばよくわかる！「日本国憲法」のほか、「大日本帝国憲法」「教育基本法」全文を対訳形式で収録。自分で理解するための一冊。

知的トレーニングの技術〔完全独習版〕　花村太郎
お仕着せの方法論をマネするだけでは、真の知的創造にはつながらない。偉大な先達が実践した手法から実用的な表現術まで盛り込んだ伝説のテキスト。

「不思議の国のアリス」を英語で読む　別宮貞徳
このけたはずれにおもしろい、奇抜な名作を、いっしょに英語で読んでみませんか――『アリス』の世界を原文で味わうための、またとない道案内。

さらば学校英語 実践翻訳の技術　別宮貞徳
英文の意味を的確に理解し、センスのいい日本語に翻訳するコツは？　日本人が陥る誤訳の罠は？　達人ベック先生が技の真髄を伝授する実践講座。

言葉とは何か　丸山圭三郎

言語学・記号学についての優れた入門書。ソシュール研究の泰斗が、平易な語り口で言葉の謎に迫る。術語・人物解説、図書案内付き。（中尾浩）

ニーチェは、今日？　デリダ／ドゥルーズ／リオタール／クロソウスキー　林好雄ほか訳

クロソウスキーの〈陰謀〉、リオタールの〈メタモルフォーズ〉、ドゥルーズの〈脱領土化〉、デリダの〈脱構築的読解〉の白熱した討論。

ニーチェ　オンフレ／ロワ　國分功一郎訳

現代哲学の扉をあけた哲学者ニーチェ。激烈な思想に似つかわしくも激しいその生涯を描く。フランス発のオールカラー・グラフィック・ノベル。

宗教の理論　ジョルジュ・バタイユ　湯浅博雄訳

聖なるものの誕生から衰滅までをつきつめ、宗教の根源的核心に迫る。文学、芸術、哲学、そして人間にとって宗教の〈理論〉とは何なのか。

空間の詩学　ガストン・バシュラール　岩村行雄訳

家、宇宙、貝殻など、さまざまな空間が喚起する詩的イメージ。新たなる想像力の現象学を提唱し、人間の夢想に迫るバシュラール詩学の頂点。

リキッド・モダニティを読みとく　ジグムント・バウマン　酒井邦秀訳

変わらぬ確かなものなどもはや何一つない現代世界。社会学の泰斗が身近な出来事や世相から〈液状化〉の具体相に迫る真摯で痛切な論考。文庫オリジナル。

社会学の考え方〔第2版〕　ジグムント・バウマン／ティム・メイ　奥井智之訳

日常世界はどのように構成されているのか。日々変化する現代社会をどう読み解くべきか。読者を〈社会学的思考〉の実践へと導く最高の入門書。新訳。

世界リスク社会論　ウルリッヒ・ベック　島村賢一訳

迫りくるリスクは我々から何を奪い、何をもたらすのか。『危険社会』の著者が、近代社会の根本原理をくつがえすリスクの本質と可能性に迫る。

民主主義の革命　エルネスト・ラクラウ／シャンタル・ムフ　西永亮／千葉眞訳

グラムシ、デリダらの思想を摂取し、根源的で複数的なデモクラシーへ向けて、新たなヘゲモニー概念を提示した、ポスト・マルクス主義の代表作。

こどもたちに語るポストモダン　J＝F・リオタール　管啓次郎訳
〈普遍的物語〉の終焉を主張しポストモダンを提唱した著者が、アドルノ、ベンヤミンらを想起し、知のアヴァンギャルドたることを説く10の通信。

人間の条件　ハンナ・アレント　志水速雄訳
人間の活動的生活を《労働》《仕事》《活動》の三側面から考察し、《労働》優位の近代世界を思想史的に批判したアレントの主著。（阿部齊）

革命について　ハンナ・アレント　志水速雄訳
《自由の創設》をキイ概念としてアメリカとヨーロッパの二つの革命を比較・考察し、その最良の精神を二〇世紀の惨状から救い出す。（川崎修）

暗い時代の人々　ハンナ・アレント　阿部齊訳
自由が著しく損なわれた時代を自らの意思に従い行動し、生きた人々。政治・芸術・哲学への鋭い示唆を含み描かれる普遍的人間論。（村井洋）

責任と判断　ハンナ・アレント　ジェローム・コーン編　中山元訳
思想家ハンナ・アレント後期の未刊行論文集。人間の責任の意味と判断の能力を考察し、考えなくなったときに生まれる〈凡庸な悪〉を明らかにする。

資本論を読む（全3巻）　ルイ・アルチュセール他　今村仁司訳
マルクスのテクストを構造論的に把握して画期をなした論集。のちに二分冊化されて刊行された共同研究（一九六五年）の初版形態の完訳。

資本論を読む上　ルイ・アルチュセール他　今村仁司訳
アルチュセール、ランシエール、マシュレーの論文を収録。古典経済学の「問い」の構造を問い直し、『資本論』で初めて達成された「科学的認識」を剔抉。

資本論を読む中　ルイ・アルチュセール他　今村仁司訳
アルチュセール「『資本論』の対象」を収録。マルクスのテクストが解析した「対象」の構造を明かし、イデオロギー的歴史主義からの解放を試みる。

資本論を読む下　ルイ・アルチュセール他　今村仁司訳
マルクス思想の《構造論》的解釈の大冊、完結。バリバール「史的唯物論の根本概念について」、エスタブレ「『資本論』プランの考察」を収載。

哲学について　ルイ・アルチュセール　今村仁司訳

カトリシズムの救済の理念とマルクス主義の解放の思想との統合をめざしフランス現代思想を領導した孤高の哲学者。その到達点を示す歴史的文献。

スタンツェ　ジョルジョ・アガンベン　岡田温司訳

西洋文化の豊饒なイメージの宝庫を自在に横切り、愛・言葉そして喪失の想像力が表象に与えた役割をたどる。21世紀を牽引する哲学者の博覧強記。

プラトンに関する十一章　アラン　森進一訳

『幸福論』が広く静かに読み継がれているモラリスト、アラン。卓越した哲学教師でもあった彼が平易かつ明快にプラトン哲学の精髄を説いた名著。

コンヴィヴィアリティのための道具　イヴァン・イリイチ　渡辺京二／渡辺梨佐訳

破滅に向かう現代文明の大転換はまだ可能だ！人間本来の自由と創造性が最大限活かされる社会をどう作るか。イリイチが遺した不朽のマニフェスト。

重力と恩寵　シモーヌ・ヴェイユ　田辺保訳

「重力」に似たものから、どのようにして免れればよいのか……ただ「恩寵」によって。苛烈な自己無化への意志に貫れた、独自の思索の断想集。ティボン編。

ヴェーユの哲学講義　シモーヌ・ヴェーユ　渡辺一民／川村孝則訳

心理学にはじまり意識・国家・身体を考察するリセ最高学年哲学学級で一年にわたり行われた独創的かつ自由な講義の記録。ヴェーユの思想の原点。

工場日記　シモーヌ・ヴェイユ　田辺保訳

人間のありのままの姿を知り、愛し、そこで生きたい——女工となった哲学者が、極限の状況で自己犠牲と献身について考え抜き、克明に綴った、魂の記録。

論理哲学論考　L・ウィトゲンシュタイン　中平浩司訳

世界を思考の限界にまで分析し、伝統的な哲学問題すべてを解消する——二〇世紀哲学を決定づけた著者の野心作。生前刊行した唯一の哲学書。新訳。

青色本　L・ウィトゲンシュタイン　大森荘蔵訳

「語の意味とは何か」。端的な問いかけで始まるこのコンパクトな書は、初めて読むウィトゲンシュタインとして最適な一冊。（野矢茂樹）

法の概念〔第3版〕
H・L・A・ハート
長谷部恭男訳
法とは何か。ルールの秩序という観念でこの難問に立ち向かい、法哲学の新たな地平を拓いた名著。批判に応える「後記」を含め、平明な新訳でおくる。

解釈としての社会批判
マイケル・ウォルツァー
大川正彦／川本隆史訳
社会の不正を糺すのに、普遍的な道徳を振りかざすだけでは有効でない。暮らしに根ざしながら同時にラディカルな批判が必要だ。その可能性を探究する。

大衆の反逆
オルテガ・イ・ガセット
神吉敬三訳
二〇世紀の初頭、《大衆》という現象の出現とその功罪を論じながら、自ら進んで困難に立ち向かう《真の貴族》という概念を対置した警世の書。

死にいたる病
S・キルケゴール
桝田啓三郎訳
死にいたる病とは絶望であり、絶望を深く自覚し神の前に自己をすてる。実存的な思索の深まりをデンマーク語原著から訳出し、詳細な注を付す。

ニーチェと悪循環
ピエール・クロソウスキー
兼子正勝訳
永劫回帰の啓示がニーチェに与えたものは、同一性の下に潜在する無数の強度の解放である。二十一世紀にあざやかに蘇る、逸脱のニーチェ論。

世界制作の方法
ネルソン・グッドマン
菅野盾樹訳
世界は「ある」のではなく、「制作」されるのだ。芸術・科学・日常経験・知覚など、幅広い分野で徹底した思索を行ったアメリカ現代哲学の重要著作。

新編 現代の君主
アントニオ・グラムシ
上村忠男編訳
労働運動を組織しイタリア共産党を指導したグラムシ。獄中で綴られたそのテキストから、いま読み直されるべき重要な29篇を選りすぐり注解する。

ハイデッガー『存在と時間』註解
マイケル・ゲルヴェン
長谷川西涯訳
難解をもって知られる『存在と時間』全八三節の思考を、初学者にも一歩一歩追体験させ、高度な内容を読者に確信させ納得させる唯一の註解書。

色彩論
ゲーテ
木村直司訳
数学的・機械論的近代自然科学と一線を画し、自然の中に「精神」を読みとろうとする特異で巨大な自然観を示した思想家・ゲーテの不朽の業績。

政治思想論集
カール・シュミット
服部平治／宮本盛太郎訳
現代新たな角度で脚光をあびる政治哲学の巨人が、その思想の核を明かしたテクストを精選して収録。権力の源泉や限界といった基礎もわかる名論文集。

神秘学概論
ルドルフ・シュタイナー
高橋巖訳
宇宙論、人間論、進化の法則と意識の発達史を綴り、シュタイナー思想の根幹を展開する——四大主著の一冊、渾身の訳し下し。（笠井叡）

神智学
ルドルフ・シュタイナー
高橋巖訳
神秘主義的思考を明晰な思考に立脚した精神科学へと再編し、知性と精神性の健全な融合をめざしたシュタイナーの根本思想。四大主著の一冊。

いかにして超感覚的世界の認識を獲得するか
ルドルフ・シュタイナー
高橋巖訳
すべての人間には、特定の修行を通して高次の認識を獲得できる能力が潜在している。その顕在化のための道すじを詳述する不朽の名著。

自由の哲学
ルドルフ・シュタイナー
高橋巖訳
社会の一員である個人の究極の自由はどこに見出されるのか。思考は人間に何をもたらすのか。シュタイナー全業績の礎をなしている認識論哲学。

治療教育講義
ルドルフ・シュタイナー
高橋巖訳
障害児が開示するのは、人間の異常性ではなく霊性である。人智学の理論と実践を集大成したシュタイナー晩年の最重要講義。改訂増補決定版。

人智学・心智学・霊智学
ルドルフ・シュタイナー
高橋巖訳
身体・魂・霊に対応する三つの学が、霊視霊聴を通じた存在の成就への道を語りかける。人智学協会の創設へ向け最も注目された時期の率直な声。

ジンメル・コレクション
ゲオルク・ジンメル
北川東子編訳
鈴木直訳
都会、女性、モード、貨幣をはじめ、取っ手や橋・扉にまで哲学的思索を向けた「エッセーの思想家」の姿を一望する新編・新訳のアンソロジー。

否定的なもののもとへの滞留
スラヴォイ・ジジェク
酒井隆史／田崎英明訳
ラカンの精神分析手法でポストモダン的状況を批評してきた著者が、この大部なる主著でドイツ観念論に対峙し、否定性を生き抜く道を提示する。

宴のあとの経済学
E・F・シューマッハー
長洲一二監訳
伊藤拓一訳
『スモール イズ ビューティフル』のシューマッハー最後の書。地産地消を軸とする新たな経済共同体の構築を実例をあげ提言する。（中村達也）

私たちはどう生きるべきか
ピーター・シンガー
山内友三郎監訳
社会の10％の人が倫理的に生きれば、政府が行う社会変革よりもずっと大きな力となる――環境・動物保護の第一人者が、現代に生きる意味を鋭く問う。

自然権と歴史
レオ・シュトラウス
塚崎智／石崎嘉彦訳
自然権の否定こそが現代の深刻なニヒリズムをもたらした。古代ギリシアから近代に至る思想史を大胆に読み直し、自然権論の復権をはかる20世紀の名著。

生活世界の構造
アルフレッド・シュッツ／トーマス・ルックマン
那須壽監訳
「事象そのものへ」という現象学の理念を社会学研究で実践し、日常を生きる「普通の人びと」の視点から日常生活世界の「自明性」を究明した名著。

悲劇の死
ジョージ・スタイナー
喜志哲雄／蜂谷昭雄訳
現実の「悲劇」性が世界をおおい尽くしたとき、劇形式としての悲劇は死を迎えた。二〇世紀の悲惨を目のあたりにして描く、壮大な文明批評。

哲学ファンタジー
レイモンド・スマリヤン
高橋昌一郎訳
論理学の鬼才が、軽妙な語り口ながら、切れ味抜群の思考法で哲学から倫理学まで広く論じた対話篇。哲学することの魅力を堪能しつつ、思考を鍛える！

反解釈
スーザン・ソンタグ
高橋康也他訳
《解釈》を偏重する在来の批評に対し、《形式》を感受する官能美学の必要性をとき、理性や合理主義に対する感性の復権を唱えたマニフェスト。

言葉にのって
ジャック・デリダ
林好雄／森本和夫／本間邦雄訳
自らの生涯をたどり直しながら、現象学やマルクスとの関係、嘘、赦し、歓待などのテーマについて肉声で語った、デリダ思想の到達点。本邦初訳。

声と現象
ジャック・デリダ
林好雄訳
フッサール『論理学研究』の綿密な読解を通して、「脱構築」「痕跡」「差延」「代補」「エクリチュール」など、デリダ思想の中心的〝操作子〟を生み出す。

省察
ルネ・デカルト
山田弘明 訳
徹底した懐疑の積み重ねから、確実な知識を探り世界を証明づける。哲学入門者が最初に読むべき、近代哲学の源泉たる一冊。詳細な解説付新訳。

哲学原理
ルネ・デカルト
山田弘明／吉田健太郎／久保田進一／岩佐宣明訳・注解
『省察』刊行後、その知のすべてが記された本書は、デカルト形而上学の最終形態といえる。第一部の新訳と解題・詳細な解説を付す決定版。

方法序説
ルネ・デカルト
山田弘明 訳
「私は考える、ゆえに私はある」。近代以降すべての哲学は、この言葉で始まった。世界中で最も読まれている哲学書の完訳。平明な徹底解説付。

公衆とその諸問題
ジョン・デューイ
阿部齊 訳
大衆社会の到来とともに公共性の成立基盤は衰退した。民主主義は再建可能か？　プラグマティズムの代表的思想家がこの難問を考究する。（宇野重規）

旧体制と大革命
A・ド・トクヴィル
小山勉 訳
中央集権の確立、パリ一極集中、そして平等を自由に優先させる精神構造——フランス革命の成果は、実は旧体制の時代にすでに用意されていた。

ニーチェ
G・ドゥルーズ
湯浅博雄 訳
〈力〉とは差異にこそその本質を有している——ニーチェのテキストを再解釈し、尖鋭なポスト構造主義的イメージを提出した、入門的な小論考。

ヒューム
G・ドゥルーズ／アンドレ・クレソン
合田正人 訳
ロックとともにイギリス経験論の祖とあおがれる哲学者の思想を、二〇世紀に興る現象学的世界観の先どり、《生成》の哲学の嚆矢と位置づける。

カントの批判哲学
G・ドゥルーズ
國分功一郎 訳
近代哲学を再構築してきたドゥルーズが、三批判書を追いつつカントの読み直しを図る。ドゥルーズ哲学が形成される契機となった一冊。新訳。

スペクタクルの社会
ギー・ドゥボール
木下誠 訳
状況主義——「五月革命」の起爆剤のひとつとなった芸術＝思想運動——の理論的支柱で、最も急進的かつトータルな現代消費社会批判の書。

ちくま学芸文庫

思考《しこう》のための文章《ぶんしょう》読本《どくほん》

二〇一六年九月十日　第一刷発行

著　者　花村太郎（はなむら・たろう）

発行者　山野浩一

発行所　株式会社　筑摩書房
東京都台東区蔵前二―五―三　〒一一一―八七五五
振替〇〇一六〇―八―四一二三

装幀者　安野光雅
印刷所　株式会社精興社
製本所　株式会社積信堂

乱丁・落丁本の場合は、左記宛にご送付下さい。
送料小社負担でお取り替えいたします。
ご注文・お問い合わせも左記へお願いします。
筑摩書房サービスセンター
埼玉県さいたま市北区櫛引町二―六〇四　〒三三一―八五〇七
電話番号　〇四八―六五一―〇〇五三

ISBN978-4-480-09749-1 C0181